GÉRARD ST-DENIS

Je cuisine *avec* Internet

D1078700

©1999 Micro Application (Canada)
        1650, boul. Lionel-Bertrand
        Boisbriand, Québec
        J7H 1N7
        Téléphone :   (450) 434-4350
        Télécopieur : (450) 434-5634
        Courriel (e-mail) : info@microapplication.ca
        Internet : http://www.microapplication.ca

Toute représentation ou reproduction, intégrale ou partielle, faite sans le consentement de Micro Application est illicite.

Avertissement aux utilisateurs
Les informations contenues dans cet ouvrage sont données à titre indicatif et n'ont aucun caractère exhaustif. Elles ne sauraient engager la responsabilité de l'éditeur. La société Micro Application ne pourra être tenue pour responsable de toute omission, erreur ou lacune qui aurait pu se glisser dans cet ouvrage ainsi que des conséquences, quelles qu'elles soient, qui résulteraient de l'utilisation des informations et indications fournies.

Illustration de la couverture : Michel Grant
Édition électronique :   Ateliers de typographie Collette inc.
Responsable éditorial :   Michel Brindamour

ISBN : 2-922-666-00X

Dépôt légal : 4e trimestre 1999
Bibliothèque nationale du Québec
Bibliothèque du Canada

Imprimé au Canada

Table des matières

Avant-propos

D'abord, je voudrais saluer tous les internautes. On s'est peut-être déjà rencontré virtuellement quelque part sur la toile. Je suis, pour ainsi dire, un professionnel du Web. J'ai dû visiter une bonne dizaine de milliers de sites Internet à la recherche de sujets pour Planète Québec où je signe, depuis quatre ans, une chronique quotidienne.

Je suis aussi un passionné de la table, et ce, depuis très longtemps. J'aime cuisiner et j'aime manger. Mes proches me disent gourmet, mais, je l'avoue, je suis autant gourmand. Les quelque dix ou quinze kilos que je porte en trop sont là pour en témoigner. Mais par dessus tout, j'adore parler cuisine ! Quand on aborde ce sujet, je deviens, au grand dam de mes amis, intarissable.

Pendant 35 ans, comme journaliste ou directeur de promotion dans le domaine alimentaire, j'ai eu souvent la chance de satisfaire ma passion. J'ai parcouru trois continents, fréquenté des restaurants réputés, côtoyé de grands chefs, participé à des olympiades culinaires… J'ai visité une multitude d'entreprises reliées à l'alimentation, telle cette usine, en Italie, qui fabrique le fameux parmesan Reggiano.

La plupart de mes voyages comporte invariablement un volet « bonne table » ou « bon vin ». Je pourrais citer, entre autres, cette tournée mémorable en France et en Suisse où, avec mon ami le syndicaliste Michel Chartrand, je suis allé planter une vigne chez Henri Maire, le père du vin fou. Ou ce voyage en Yougoslavie avec Marcel Pépin, alors président de la CSN, avec qui j'ai savouré un ragoût de poulet aux quenelles dont je me souviendrai toute ma vie. Et que dire de cet agneau pré-salé dégusté chez la Mère Poularde au Mont-Saint-Michel, j'en ai encore les papilles frissonnantes de plaisir. Je pourrais parler pendant des heures de Tokyo ou de Hong Kong où j'ai appris à faire cuire le riz et à apprécier le poisson cru.

En préparant ce livre, une foule de gens me sont revenus en mémoire, qui, d'une façon ou d'une autre, ont entretenu ma passion : des voisins comme Noël Pasquier, chef cuisinier suisse, qui m'a fait découvrir les secrets du gruyère, des relations comme Gérard Pelletier, ambassadeur du Canada en France, qui m'a invité chez Lasserre et à La Tour d'Argent à Paris, et surtout, des vieux amis comme Richard Johnson, Madeleine Fournier et Suzanne Collette, avec qui, au San Dominico Palace à Taormina, j'ai découvert l'envoûtante cuisine sicilienne.

En terminant, je voudrais remercier ma compagne de tous les jours, Gertrude Lafond, qui m'a aidé dans mes recherches et à qui je dédie tendrement ce livre.

J'ai eu beaucoup de plaisir à faire ce répertoire. J'ose croire, cher lecteur, que vous en prendrez autant à le feuilleter et à le consulter.

Gérard St-Denis
Saint-Cyrille-de-Wendover

Présentation

L a cuisine, le plus ancien des arts, n'échappe pas à Internet, bien au contraire. Avec la multiplicité des pages personnelles et l'apparition croissante de sites consacrés à la cuisine, l'accès à des dizaines de milliers de recettes est maintenant possible. Et c'est justement parce que le choix est si vaste que l'exploration peut s'avérer fastidieuse.

Ce livre est beaucoup plus qu'un simple répertoire. Il se veut un guide pratique permettant de consulter facilement le Net sans passer des heures devant son ordinateur. De plus, grâce au concept « Souris en main », il permet d'accéder instantanément à la recette ou à l'information désirée.

Vous trouverez, dans une première partie, plus de 800 des meilleures recettes du Web classées par catégories et accompagnées de leur adresse électronique. Pour vous aider à orienter vos choix, un bref commentaire a été ajouté ainsi qu'un pictogramme (une, deux ou trois toques) qui vous indiquera s'il s'agit d'une recette de tous les jours, d'une recette plus élaborée ou d'une recette pour les grandes occasions. Au fil des pages, insérés ici et là à travers les recettes, des encadrés vous amèneront à une foule de liens touchant de près ou de loin la cuisine.

Dans une deuxième partie, ont été sélectionnés plus de 150 sites culinaires francophones qui vous donneront accès au monde merveilleux de la gastronomie et… à près de 20 000 recettes. À chacun des sites, en fonction de sa richesse, de sa qualité ou de son originalité, un certain nombre d'étoiles a été attribué. Bien entendu, ce jugement n'engage que l'auteur de ce répertoire.

Et parce que l'on ne peut manger sans boire, vous trouverez, dans une troisième partie, les meilleurs sites consacrés aux alcools, aux bières et aux vins.

À la fin, un lexique des principaux termes culinaires et un index thématique des recettes vous aideront à mieux tirer parti de cet ouvrage.

Maintenant, il ne vous reste plus qu'à brancher votre ordinateur et à mettre votre tablier.

Bon appétit !

« *Souris en main*[*] »

En feuilletant le livre, vous remarquerez à droite de chacun des titres, une petite souris d'ordinateur suivie d'un numéro à quatre chiffres. Ce numéro est très précieux. Il vous permettra d'accéder instantanément à l'adresse électronique sans avoir à en taper les caractères, souvent nombreux et parfois compliqués.

Par exemple, vous décidez de préparer le « Civet de lapin aux pruneaux » mentionné à la page 99 et dont voici l'adresse :

**http://www.coop.ch/f/RezeptDB/rezept.qry?function=write&
record_id=95&lang=f&firstarg=waehrschaft&magic=http://
www.coop.ch/f/RezeptDB/rezept.qry?function=FirstForm**

Vous le savez, une seule petite erreur dans la transcription de l'adresse et rien ne fonctionnera ! De quoi décourager le plus grand amateur de civet !

Mais grâce à « Souris en main », vous ne vivrez pas ce problème. Vous n'avez qu'à vous rendre à l'adresse suivante :

http://planete.qc.ca/recettes.htm

(que vous conserverez dans vos signets), cliquer sur le numéro **1423** et le tour est joué. La recette du civet apparaît sur votre écran.

---

* « Souris en main » est une première dans le milieu de l'édition écrite reliée à l'Internet.

PARTIE I

Les meilleures recettes sur Internet

LES
ENTRÉES

Anchoïade

1001

http://www.vanelli.com/recette7.phtml?fr

> *Une bonne façon de découvrir l'anchois. Délicieux sur des craquelins ou comme trempette avec des légumes.*

Bitterballens

1002

http://boitearecettes.infinit.net/public/boite/via_boulette/boulette
0031.htm

> *Ces petites bouchées se servent bien dans un buffet.*

Bouchées aux moules

1003

http://www.geocities.com/Yosemite/9758/mou109f.htm

> *Servir bien chaud.*

Bouchées de crabe

1004

http://www.cablog.net/jclangla/crabe.html

> *Excellent et facile à faire.*

Recettes de tous les jours pour la famille, faciles et rapides à faire.
Recettes de week-end, plus élaborées, quand on reçoit des amis intimes.
Recettes originales pour les grandes occasions.

Bouchées Martine 1005

http://www.multimania.com/vbrault/Mamie/Mamie_1Page33.html

> *On peut remplacer le jambon par des crevettes ou des champignons.*

Boulettes à la sauce barbecue 1006

http://www.cfq.qc.ca/a_table/mets/entree_boulettes_barbecue.htm

> *Cette recette peut aussi servir de plat de résistance. Mais si vous la servez en entrée, faites les boulettes très petites.*

Les Français et la table 3001

Des renseignements de toutes sortes sur la grande passion des français : la cuisine.
http://www.france.diplomatie.fr/label_france/FRANCE/DOSSIER/GASTRO/menu.html

---

Boulettes d'aubergines 1007

http://perso.wanadoo.fr/yves.huot-marchand/Antilles/recette493.htm

> *Une recette des Antilles. Plus facile et plus rapide à réaliser que les acras traditionnels.*

Canapés au beurre de poireaux 1008

http://www.cultures.qc.ca/recettes/recettes1/index.html

> *Voici une idée originale pour les canapés. Une recette simple à faire et délicieuse.*

Canapés aux crevettes

http://www.geocities.com/Yosemite/9758/cre_f125.htm

Faites ramollir le beurre, mais pas trop.

1009

Cargolade

http://perso.wanadoo.fr/br.bonavent/cuisine.htm#cargols

C'est la préparation traditionnelle des escargots en Roussillon.

1010

Cocktail de crevettes

http://www.geocities.com/Yosemite/9758/cre_f57.htm

On peut remplacer le ketchup par de la sauce salsa.

1011

Courgettes en salade

http://www.multimania.com/demey/cuisine/Courgettes_en_salade.htm

Une bonne recette pour l'été, quand les courgettes sont abondantes.

1012

Croque-monsieur

http://perso.wanadoo.fr/yves.huot-marchand/IledeFrance/recette137.htm

Les apprentis cuistots prendront plaisir à réussir cette recette.

1013

Un Musée de l'alimentation en Suisse

3002

Les aspects de l'alimentation à travers l'histoire et l'espace.
http://www.regart.ch/alimentarium/

Les secrets de l'ail 3003

Son histoire, ses traditions, son utilisation.
http://boitearecettes.infinit.net/public/epices/liste/ail/home.htm

Entrée aux pétoncles et aux crevettes 1014

http://www.concar.net/Recettes/entree2.shtml

Une recette à ne pas manquer.

Escargots à la bourguignonne 1015

http://perso.wanadoo.fr/yves.huot-marchand/Bourgogne/recette197.htm

*L'escargot de Bourgogne est le plus gros et le plus réputé des
mollusques. Évitez les mollusques de mer vendus à prix réduit
sous l'appellation d'escargot.*

Falafels 1016

http://freehosting2.at.webjump.com/937fed354/cy/cybermeurtres-
webjump/CONTENU/recettes.htm#F

Un plat libanais très populaire.

Galettes d'escargots aux herbes 1017

http://www.burgundy.net/henrimaire/recet2.html

La vinaigrette au fenouil qui accompagne ces galettes est merveilleuse.

Kiwis garnis

 1018

http://www.geocities.com/Yosemite/9758/cre_f131.htm

> *Garnis de crevettes, de crabes et de pommes. Une recette exceptionnelle ! N'oubliez pas de couper les kiwis deux heures à l'avance.*

Les oignons à la grecque

 1019

http://www.multimania.com/zigus/recettes/saladeoignongrec.htm

> *Faire cuire à feu vraiment très doux.*

Macédoine de légumes

 1020

http://www.captage.com/saysibon/fr/027.htm

> *Se prépare en moins de 15 minutes.*

Mousse au jambon

 1021

http://www.eerie.fr/~chenot/cuisine/JAMBON.html#33

> *L'été, quand il fait chaud, placez le plat sur un bac de glaçons pour conserver la forme de la mousse.*

Mousse d'avocat

 1022

http://perso.wanadoo.fr/yves.huot-marchand/Antilles/recette459.htm

> *Se prépare en moins de trente minutes et donne un petit goût des Antilles.*

Pasteis de Bacalahau

 1023

http://www.eurogastronomy.com/fr/1/eur5.htm

> *Des croquettes de morue que les Portugais servent chaudes, ou froides accompagnées d'autres amuse-gueule.*

Pâtés impériaux à la vietnamienne

1024

http://antioche.lip6.fr/portier/0008.html#Asiatiques_Pâtés_Pâtés_
impériaux_à_la_vietnamienne

> *Prenez les grandes galettes de riz et attendez qu'elles soient bien
> imprégnées d'eau avant de les farcir.*

Petites boulettes de porc

1025

http://www.sje.qc.ca/recettes/porc.htm#porc3

> *Tout le secret de cette recette est dans la sauce.*

Les cucurbitacées 3004

Une dizaine de recettes pour les inconditionnels des courgettes.
http://www.multimania.com/chape/Recettes.htm

Purée d'aubergines à l'ail (Baba ghannouj)

1026

http://www.libanus.com/recettes/4007.htm

> *Simple à faire et extraordinaire.*

Purée de pois chiches (Homos)

1027

http://www.libanus.com/recettes/4011.htm

> *Vos invités se resserviront sûrement.*

Recette de Sushis

1028

http://perso.club-internet.fr/roncasyl/santalucia/recettesdecuisine
illustrees.html#s

> *Une excellente façon (et avec humour !) de s'initier à la cuisine
> japonaise.*

Rouleaux impériaux

1029

http://freehosting2.at.webjump.com/937fed354/cy/cybermeurtres-
webjump/CONTENU/recettes.htm#R

> *Une recette chinoise fort appréciée.*

Les fines herbes 3005

Des informations sur diverses plantes herbacées utilitaires : persil,
sauge, romarin, thym...
http://pages.infinit.net/belber/

Rouleaux impériaux au crabe et crevettes

1030

http://www.geocities.com/Yosemite/9758/cre_f35.htm

> *Une de mes recettes préférées. On y trouve une sauce d'accompa-
> gnement fort délicieuse à préparer 2 à 3 jours d'avance.*

Rouleaux impériaux du Vietnam

1031

http://boitearecettes.infinit.net/public/international/vietnam/hod
0090.htm

> *On peut varier les ingrédients selon ses goûts et sa fantaisie.*

Salade de riz au crabe

1032

http://www.captage.com/saysibon/fr/034.htm

> *Peut se préparer d'avance.*

Tagliatelles au gorgonzola et aux noix

1033

http://pages.infinit.net/pranax/cuisine/tagliatelle_gorgonzola_noix.htm

> *Une recette économique et rapide.*

Tapenade

1034

http://www.le-gourmet.com/recettes5-fr.html#recette5

> *Une recette typiquement provençale pour 4 personnes qui prend 10 minutes à faire.*

Tarte à la courgette

1035

http://www.captage.com/saysibon/fr/052.htm

> *On suggère d'utiliser une pâte à tarte toute faite pour gagner du temps.*

Tarte au gouda

1036

http://www.captage.com/saysibon/fr/053.htm

> *Le gouda est un excellent fromage hollandais.*

La Librairie Gourmande 3006

Livres anciens et modernes pour les passionnés de gastronomie.
Plus de 15 000 références.
http://www.librairie-gourmande.fr/

Toast au crabe

1037

http://www.lodace.com/cuisine/rcrap/taoscrab.htm

Une recette qui peut inspirer plusieurs variantes.

Tomates farcies au thon

1038

http://www.miam-miam.com/recett1/recettes/tomthon.htm

Recette rapide, excellente et toujours appréciée.

Tomates vertes farcies

1039

http://www.multimania.com/vbrault/Mamie/Mamie_1Page57.html

Peut être servi chaud, ou froid lors d'un brunch.

Trempette crémeuse aux épinards

1040

http://kraftfoods.com/canada/french/cgi-bin/recipe-card.cgi?id=
0550fc& back=search.cgi%3fmethod%3dAND%26cat%3d1%26subcat%
3d32%26subcat%3d1%26subcat%3d2%26start%3d0

Pour apprentis cuisiniers, une recette prête en 5 minutes.

*Notes*_____

_____

_____

_____

_____

_____

_____

Recettes de tous les jours pour la famille, faciles et rapides à faire.
Recettes de week-end, plus élaborées, quand on reçoit des amis intimes.
Recettes originales pour les grandes occasions.

LES
SOUPES

Aigo boulido

 1041

http://lozere.citeweb.net/lozere/cuisine/aigo.htm

C'est une soupe à l'ail. Une spécialité de la Lozère, en France.

Bisque de crevettes

 1042

http://www.geocities.com/Yosemite/9758/cre_f124.htm

Si vous n'avez pas de xérès sous la main, un autre alcool peut très bien faire l'affaire.

Clam Chowder

 1043

http://www.captage.com/saysibon/fr/009.htm

Une soupe aux clams qui nous vient de Nouvelle-Angleterre.

Crème de céleri-rave au roquefort

 1044

http://www.le-gourmet.com/recettes5-fr.html#recette2

Quand vous ajouterez le roquefort, ne pas oublier de baisser le feu.

Le pesto 3007

Du basilic, de l'ail, des pignons, de huile d'olive, du parmesan…
Une recette classique.
http://www.marmiton.org/menu/b_recette.cfm?typerecherche=0&index=6646&
criteria=pesto&startr=1

Crème de courgettes au fromage

 1045

http://perso.wanadoo.fr/fortune.family/cuisine/crmede.htm

Plusieurs sortes de fromages peuvent être utilisées avec cette recette.

Crème de poireaux et de pommes de terre

 1046

http://www.vegetablepatch.net/fr/cgi-bin/recettes/principal/soupes/
0.html

C'est encore meilleur si l'on ajoute un poireau.

Crème d'oignons doux caramélisés

1047

http://www.saveurs.sympatico.ca/ency_3/oignon/cremetil.htm

Si vous aimez les oignons, vous serez comblés.

Gaspacho à la tomate

 1048

http://www.marche-fraicheur.ch/rezepfm/fmrezfm.htm#tomates

La fraîcheur d'une bonne soupe… au mois de juillet.

Gaspacho

1049

http://www.sje.qc.ca/recettes/légumes.htm#gazpacho

Aussi rafraîchissant qu'une boisson glacée.

Minestrone

1050

http://www.lodace.com/cuisine/rctmonde/minestro.htm

Les haricots doivent tremper 4 à 6 heures avant la cuisson.

Minestrone

1051

http://perso.wanadoo.fr/cuisine.vegetarienne/html/basepotages_3.html

Une variante de cette spécialité italienne prête en 40 minutes.

Le site du vieux Buck

3008

La cuisine amérindienne à son meilleur.
http://www.multimania.com/levieuxbuck/rec.html

Potage Condé

1052

http://www.tf1.fr/emissions/cuisinez/l/recettesl.htm#potage

Enfin une occasion de manger des haricots rouges !

Potage à la queue de bœuf

1053

http://www.lodace.com/cuisine/rctcla/soupe/pqueubeu.htm

Le madère que l'on ajoute à la fin fait toute la différence.

Potage à l'oignon et au vin blanc 1054

http://www.lodace.com/cuisine/rctcla/soupe/soigvbla.htm

Il faut prévoir un demi-litre de vin blanc pour cette recette.

Potage aux foies de poulet 1055

http://www.lodace.com/cuisine/rctcla/soupe/pfoipoul.htm

Ne pas trop cuire après avoir ajouté au bouillon les foies de poulet.

Potage aux légumes 1056

http://www.espace-francophone.com/sites/quebec/tante_rose/sld012.htm

Une soupe traditionnelle aux légumes pour un repas en famille.

Potage aux tomates 1057

http://perso.wanadoo.fr/br.bonavent/cuisine.htm#Potage

Servir très chaud sur des croûtons de pain frits.

Potage crème de légumes 1058

http://www.espace-francophone.com/sites/quebec/tante_rose/sld007.htm

Pour les vrais amateurs de potages.

Le frigo a cent ans 3009

Un article du quotidien *Le Devoir* sur cette drôle de machine qui a bouleversé la vie de l'humanité.
http://www.ledevoir.com/hori/1999b/frig090899.html

Recettes de tous les jours pour la famille, faciles et rapides à faire.
Recettes de week-end, plus élaborées, quand on reçoit des amis intimes.
Recettes originales pour les grandes occasions.

La légende de Paul Bocuse 3010

Né en 1926 d'une famille de cuisinier de père en fils depuis le XVIIᵉ siècle...
http://www.ec-lyon.fr/Home.fr/Rhone-Alpes/Lyon/Art_de_vivre/Cuisine/bocuse.htm

Potage rouget de crabe

 1059

http://www.lodace.com/cuisine/rctcla/soupe/poroucra.htm

Pour qui aime le crabe, voici une recette simple et vite faite.

Potage Saint-Germain

 1060

http://www.le-gourmet.com/recettes3-fr.html#recette5

C'est un potage aux pois cassés. On peut ajouter du riz ou du vermicelle.

Potée potagère

 1061

http://www.miam-miam.com/recett1/recettes/potpotage.htm

Les légumes du jardins y trouvent leur compte.

Soupe à l'oignon à la française

 1062

http://members.xoom.com/gourmands/recettes/soupes_potages_cremes/
soupes_et_bouillons/a.htm

Je préfère utiliser des oignons rouges. Après avoir ajouté le fromage, pour ne pas que celui-ci étire, attendez un bon 5 minutes avant de mettre les plats au four.

> ### *Le nom des plats* 3011
>
> La petite histoire des appellations des plats utilisées dans la cuisine française.
> Exemple : Ariane (fille de Minos) est un velouté ou une pêche glacée.
> http://www.multimania.com/janusw

Soupe à la citrouille 1063

http://www.epicuria.fr/paul-bocuse/recet02.htm

Les gens plus âgés se souviendront de ce plat servi dans les couvents et collèges. Mais cette recette maison est excellente.

Soupe à la flamande 1064

http://www.geocities.com/Yosemite/9758/mou62f.htm

Servez de petites portions, sinon vos invités ne pourront plus faire honneur aux autres plats.

Soupe à la mique 1065

http://perso.wanadoo.fr/yves.huot-marchand/Perigord/recette08.htm

La mique est une boule de pâte pochée au bouillon, qui fait office de pain avec les soupes et les plats en sauce.

Soupe à l'alsacienne 1066

http://www.amstein.ch/recipe.htm

Avec du fromage, c'est un repas complet.

Recettes de tous les jours pour la famille, faciles et rapides à faire.

Soupe au chou

http://www.espace-francophone.com/sites/quebec/tante_rose/sld002.htm

Facile à faire et économique.

Soupe au fromage

http://perso.wanadoo.fr/yves.huot-marchand/FrancheComte/recette
43.htm

Il faut la laisser longuement mitonner.

La cuisine juive

Tout savoir sur la cuisine cachère. Des recettes et des conseils.
http://members.xoom.com/kosherfood/index.htm

Soupe au pistou

http://www.captage.com/saysibon/fr/016.htm

*Une soupe niçoise traditionnelle aux légumes. Le pistou se sert à part
dans un bol.*

Soupe aux boulettes de viande

http://www.marmiton.org/menu/b_recette.cfm?typerecherche=0&index=
7998&criteria=porc&startr=61

Une soupe qui peut facilement servir de repas complet.

SOUPES

Soupe aux fèves, laitues et petit pois

1071

http://www.miam-miam.com/recett1/recettes/soupfeve.htm

> *Une bonne recette, mais qui demande un peu de patience.*

Soupe aux haricots et aux pâtes

1072

http://home.tvd.be/sf15456/Irecette6.htm

> *Une bonne soupe nourrissante pour l'hiver.*

Soupe aux haricots rouges

1073

http://perso.wanadoo.fr/yves.huot-marchand/Corse/recette434.htm

> *Une spécialité corse.*

Soupe aux huîtres à la charentaise

1074

http://www.cabuzel.com/oleron/recette.html#huitre1

> *Vous pouvez acheter des huîtres déjà préparées.*

Soupe aux légumes 321

1075

http://www.captage.com/saysibon/fr/018.htm

> *3… pour trois pommes de terre, 2… pour deux carottes et 1… pour un navet.*

Soupe aux moules

1076

http://www.geocities.com/Yosemite/9758/mou98f.htm

> *Servie avec du pain de ménage, cette soupe constitue un excellent repas.*

Forum — cuisine 3013

Un lieu français d'échange sur l'alimentation.
http://x9.dejanews.com/[ST_rn=if]/topics_if.xp?search=topic&group=fr.rec.cuisine&
GRPP=925930747.54394966&title=Related&query=cuisine

Soupe aux moules   1077

http://www.revsports.com/passioncuisine/express/ee59.htm

Si vous avez le choix, prenez des moules en vrac plutôt que celles déjà empaquetées.

Soupe aux œufs   1078

http://www.chen.qc.ca/soupe%20oeufs%20et%20champignons.htm

Plus simple à faire qu'on ne le pense.

Soupe aux oignons   1079

http://www.ec-lyon.fr/tourisme/Rhone-Alpes/Cuisine/Recettes/recipe5.html.fr

Une recette une peu compliquée pour une soupe aux oignons mais excellente.

Soupe aux pois à la québécoise   1080

http://www.espace-francophone.com/sites/quebec/tante_rose/sld018.htm

Faites tremper les pois la veille. Cuire à feu très doux.

SOUPES

Soupe aux pois cassés

1081

http://www.multimania.com/cross/anthony/fr/recettes/entrees.html#
chaud01

> *Ce que j'aime dans cette recette, ce sont les lardons fumés ajoutés avant de servir.*

Soupe aux pois jaunes

1082

http://www.marmiton.org/menu/b_recette.cfm?typerecherche=0&index=
7390&criteria=porc&startr=61

> *Une soupe aux pois très consistante. Excellent pour le temps des fêtes.*

Soupe aux tomates et aux légumes

1083

http://www.espace-francophone.com/sites/quebec/tante_rose/sld003.htm

> *Une soupe ordinaire, mais toujours populaire.*

Soupe chinoise

1084

http://www.marmiton.org/menu/b_recette.cfm?typerecherche=0&index=
2037&criteria=porc&startr=61

> *Une recette avec du porc. Servir avec de la sauce nuoc-mâm.*

Michel Montignac 3014

Pour connaître l'homme et ses recettes.
http://www.michelmontignac.tm.fr/

Recettes de tous les jours pour la famille, faciles et rapides à faire.
Recettes de week-end, plus élaborées, quand on reçoit des amis intimes.
Recettes originales pour les grandes occasions.

Soupe de cresson ou brocolis aux crevettes 1085

http://www.marmiton.org/menu/b_recette.cfm?typerecherche=0&index=
2895&criteria=porc&startr=61

Une soupe chinoise qui se fait en moins de 30 minutes.

Soupe de fève 1086

http://perso.wanadoo.fr/stephane.marliac/cuisine/feve.htm

Un plat typique du Périgord.

Soupe de moules au safran 1087

http://www.avaric.com/ecoles/site%20jc/cahierecette/menus/theme/
lesepice.htm#soupemoule

Pour donner aux moules un autre goût.

Soupe de moules aux légumes 1088

http://www.geocities.com/Yosemite/9758/mou25f.htm

Avec une macédoine de légumes congelés, vous gagnerez du temps.

Soupe de poisson à la rouille 1089

http://www.lodace.com/cuisine/rctcla/soupe/sprouil.htm

C'est un repas léger. N'oubliez pas le ravier de parmesan.

Soupe de poissons 1090

http://www.multimania.com/cuisinemamananne/soupe-de-poissons.htm

*Une recette Corse. Il suffit de choisir des poissons que nous avons ici et
le tour est joué.*

Le basilic 3015

Son histoire, ses propriétés, son utilisation.
http://www.ducros.fr/FRPGPROM/FRLESAVI/body_frlesavi.HTM

Soupe de pommes de terre aux pommes 1091

http://www.coop.ch/f/RezeptDB/rezept.qry?function=write&record_id=
33062&lang=f&firstarg=waehrschaft&magic=none

Un heureux mariage de pommes et pommes de terre.

Soupe de verdure 1092

http://perso.wanadoo.fr/yves.huot-marchand/Savoie/recette314.htm

On peut l'enrichir d'un peu de tapioca.

Soupe du Monténégro 1093

http://www.marmiton.org/menu/b_recette.cfm?typerecherche=0&index=
5810&criteria=agneau&startr=1

Une soupe qui sert de repas. Peut se faire avec un reste d'agneau.

Soupe du pêcheur 1094

http://www.miam-miam.com/recett1/recettes/mapech.htm

Des poissons, des crustacés, des coquillages et des pommes de terre.
Un repas complet pour 6 personnes.

Soupe glacée de melon 1095

http://www.miam-miam.com/recett1/recettes/soupmelo.htm

Pour les journées chaudes de juillet.

Soupe hollandaise aux pois cassés 🍲🍲

1096

http://www.marmiton.org/menu/b_recette.cfm?typerecherche=0&index=
7392&criteria=porc&startr=61

> *Facile à faire. Demande 3 heures de cuisson.*

Soupe pékinoise 🍲🍲

1097

http://altern.org/mcbesse/chin_soup.htm

> *Une des meilleures recettes de soupe pékinoise sur le Web.*

Velouté de carottes 🍲

1098

http://www.captage.com/saysibon/fr/019.htm

> *Un velouté classique qui demande une longue cuisson.*

Vichyssoise à la française 🍲

1099

http://www.le-gourmet.com/recettes4-fr.html#recette8

> *Réfrigérer pendant 2 à 3 heures.*

*Notes*_____
_____
_____
_____
_____
_____
_____
_____

Asperges aux crevettes

1100

http://www.geocities.com/Yosemite/9758/cre_f120.htm

Ne pas saler. La recette contient des œufs de lump.

Lentilles en salade

1101

http://perso.wanadoo.fr/yves.huot-marchand/Auvergne/recette263.htm

Prenez des lentilles vertes de préférence.

Salade au saumon

1102

http://www.geocities.com/Yosemite/9758/sau031.htm

On peut préparer ce plat d'avance.

Salade César

1103

http://home.tvd.be/sf15456/Arecette42.htm

Chacun la fait à sa manière. Voici une recette de base.

Salade de carottes et d'oranges aux graines de courge grillées

 1104

http://www.coop.ch/f/RezeptDB/rezept.qry?function=write&record_id=
32921&lang=f&firstarg=vegetarisch&magic=none

Une vinaigrette au miel est suggérée.

Salade de céleri-rave aux moules

1105

http://www.geocities.com/Yosemite/9758/mou106f.htm

Ajoutez des crevettes comme décoration.

---

*La France,
terre d'élection du bien-manger* 3016

Un site à dévorer sans modération.
http://www.france.diplomatie.fr/label_france/FRANCE/DOSSIER/GASTRO/terre.html

---

Salade de champignons

1106

http://www.cercledesdiabetologues.com/saladech.htm

Se prépare en un clin d'œil.

Salade de chou-fleur au fromage

1107

http://www.coop.ch/f/RezeptDB/rezept.qry?function=write&record_id=
110&lang=f&firstarg=vegetarisch&magic=none

*Que dire de la recette de sauce aux noix qui l'accompagne ?
Tout à fait merveilleuse !*

Gastronomie du Périgord 3017

La région qui fournit près de la moitié des produits fins de France.
http://www.arachnis.asso.fr/dordogne/gastrono/gastron0.htm

Salade de cœurs de palmier et moules 1108

http://www.geocities.com/Yosemite/9758/mou72f.htm

Ce plat se prépare à l'avance.

Salade de gruyère 1109

http://www.le-gourmet.com/recettes2-fr.html#La salade de gruère

Ce plat se sert en hors-d'œuvre.

Salade de macaroni 1110

http://recettes.iquebec.com/recettes/page51.html

Chacun a sa propre recette. Celle-ci en vaut une autre.

Salade de melon 1111

http://www.multimania.com/zigus/recettes/saladedemelon.htm

Les melons coupés en deux peuvent être fourrés de différentes façons.

Salade de persil à la crème de sésame 1112

http://www.libanus.com/recettes/4010.htm

Si vous aimez le taboulé, vous allez adorer cette recette.

Recettes de tous les jours pour la famille, faciles et rapides à faire.
Recettes de week-end, plus élaborées, quand on reçoit des amis intimes.
Recettes originales pour les grandes occasions.

Salade de pétoncles à l'orange 1113

http://recettes.iquebec.com/recettes/page61.html

Une recette fantastique à faire l'été.

Salade de pissenlits aux lardons 1114

http://perso.wanadoo.fr/yves.huot-marchand/Lorraine/recette466.htm

Une salade chaude.

L'orange 3018

Pour tout savoir sur ce fruit.
http://www.oranges-juice.com

Salade de pommes de terre 1115

http://www.alsace-a-table.com/p-de-terre.html

Excellent pour accompagner un plat de charcuterie.

Salade du pêcheur depuis Nîmes dans le Gard 1116

http://www.philagora.net/pole-int/recette/recettes.htm

Servir bien frais en entrée.

Salade landaise 1117

http://perso.wanadoo.fr/yves.huot-marchand/Bordelais/recette102.htm

Peut constituer un plat de résistance.

Biofood 3019

Un site de vente, mais qui contient des informations et des recettes sur
l'alimentation biologique.
http://www.biofood.com/

Salade méditerranéenne 1118

http://www.maxigb.be/cgi-bin/gbrecette.pl?lang=fr&ref=865

Un bon repas d'été prêt en 30 minutes.

Salade niçoise 1119

http://www.le-gourmet.com/recettes5-fr.html#recette4

*Elle contient des pommes de terre et des haricots verts, ce qui la
différencie de la recette traditionnelle.*

Salade niçoise 1120

http://perso.wanadoo.fr/rocks/p2.htm

La recette traditionnelle.

Salade paysanne au fromage 1121

http://www.coop.ch/f/RezeptDB/rezept.qry?function=write&record_id=
33180&lang=f&firstarg=&magic=none

Une recette à base de fromage gras et d'oignons.

Salade verte aux pacanes
à l'érable et aux oranges

1122

http://www.vegetablepatch.net/fr/cgi-bin/recettes/principal/salades/
0.html

> *Cette recette a été créée par Shirley Hope et lui a valu un premier prix au 5ᵉ Festival de l'Ail à Edmonton en Alberta.*

Taboulé

1123

http://www.construire.ch/SOMMAIRE/9916/16minf2b.htm

> *La recette traditionnelle avec couscous.*

Taboulé libanais

1124

http://perso.wanadoo.fr/claude.mahe/Recettes6.htm

> *Une variante au boulghour aussi délicieuse que la recette traditionnelle.*

Les termes culinaires 3020

Un lexique complet des termes de cuisine.
http://pot-pourri.fltr.ucl.ac.be/divers/recettes/termes.html

Club sandwich

1125

http://www.poilane.fr/Revue_gastronomique/recette5.htm

> *Un vrai club, comme je les aime. Une recette du chef Michel Bourdin, de Londres.*

Club sandwich au crabe

1126

http://www.poilane.fr/Revue_gastronomique/recette25.htm

> *Pour ceux qui aiment les fruits de mer.*

Maine sandwich

1127

http://www.poilane.fr/Revue_gastronomique/recette4.htm

> *Une recette de Paul Bocuse.*

Sandwich au thon

1128

http://www.poilane.fr/Revue_gastronomique/recette1.htm

> *Excellent et rapide à faire.*

La cuisine de Claudine 3021

Pour connaître le secret des fameuses frites belges.
http://www.wallonie.com/cuisine/pcr1.htm

Sandwich aux spaghettini 1129

http://www.poilane.fr/Revue_gastronomique/recette12.htm

Assez curieuse, cette recette.

Sandwich bourguignon 1130

http://www.poilane.fr/Revue_gastronomique/recette14.htm

Utilisez un reste de bœuf bourguignon.

Notes _____

_____

_____

_____

_____

_____

_____

_____

_____

_____

_____

_____

Anchoïade

1131

http://www.connaisseurs.com/anchoiaf.html

Des anchois sur du pain de campagne, un délice !

Assiette des pêcheurs

1132

http://www.geocities.com/Yosemite/9758/sau035.htm

Une recette avec coquilles Saint-Jacques et langoustines.

Bouillabaisse

1133

http://www.geocities.com/Yosemite/9758/cre_f28.htm

Et n'oubliez pas la rouille. Une bouillabaisse sans rouille, c'est comme un potager sans tomate.

Bouillabaisse

1134

http://perso.wanadoo.fr/paulo-w/cuisine/poissons/bouillab.htm

Une bouillabaisse digne du vieux port de Marseille. Un régal à ne pas manquer.

Bouillabaisse d'automne 1135

http://www.france3.fr/atable/entrees13.html

> *Une recette qui vient de Carcassonne. Vous pouvez choisir d'autres sortes de poissons.*

Brandade de morue 1136

http://www.epicuria.fr/recette/bramor.htm

> *À base de morue salée, une spécialité de la région nîmoise.*

La cuisine japonaise 3022

Une cuisine qui se regarde autant qu'elle se mange.
http://ourworld.compuserve.com/homepages/maison_nicole/cuisine.htm

---

Brochet au vieux cahors 1137

http://www.elle.fr/stylevie/cuisine/brochetca.html

> *Vous n'avez pas de cahors, un autre vin rouge fera l'affaire.*
> *L'auteur conseille d'accompagner ce plat avec le même vin qui a servi à sa préparation.*

Cakes de saumon à l'aneth 1138

http://www.geocities.com/Yosemite/9758/sau022.htm

> *Un plat qui se mange froid. Il doit se préparer à l'avance.*

POISSONS

La truffe 3023

Pour tout savoir sur ce champignon hors du commun.
http://www.truffe-perigord-noir.com

Carpaccio de saumon 1139

http://www.geocities.com/Yosemite/9758/sau038.htm

> *À mon avis, on devrait laisser macérer le saumon au frais plus que les
> 20 minutes prescrites.*

Chausson de poisson 1140

http://www.geocities.com/Yosemite/9758/sau039.htm

> *On peut remplacer le saumon par du thon.*

Darnes de saumon 1141

http://www.geocities.com/Yosemite/9758/sau005.htm

> *Une recette classique.*

Darnes de saumon au caviar d'aubergines 1142

http://www.geocities.com/Yosemite/9758/sau043.htm

> *Choisir des aubergines pas trop mûres.*

Darnes de saumon grillées à la provençale 1143

http://www.le-gourmet.com/recettes5-fr.html#recette8

> *Dans la même recette, le flétan est aussi excellent.*

Recettes de tous les jours pour la famille, faciles et rapides à faire.
Recettes de week-end, plus élaborées, quand on reçoit des amis intimes.
Recettes originales pour les grandes occasions.

Escalopes de saumon à l'oseille

1144

http://www.geocities.com/Yosemite/9758/sau048.htm

On peut remplacer le saumon par de belles truites saumonées.

Feuilleté au saumon

1145

http://www.geocities.com/Yosemite/9758/sau050.htm

Attention! Le saumon fumé ne doit pas cuire quand vous remettez le feuilleté au four.

Filet de sole au saumon fumé

1146

http://www.geocities.com/Yosemite/9758/sauf30.htm

Un plat qui doit être accompagné de légumes de couleurs vives.

Filets de sole (sauce crevettes et moules)

1147

http://www.cablog.net/jclangla/sole.html

Une recette sublime, simple à faire.

Galettes de poisson

1148

http://www.multimania.com/nblanche/cui/cui-galpoi.html

Servir avec une sauce blanche.

Dictionnaire Français-Latin, des plantes et des herbes 3024

http://ourworld.compuserve.com/homepages/webblop/periodes.htm#dictionnaire

Gratin de morue

1149

http://perso.wanadoo.fr/yves.huot-marchand/Auvergne/recette272.htm

Faire dessaler la morue pendant 24 heures.

Koulibiac de saumon

1150

http://www.geocities.com/Yosemite/9758/sau053.htm

Ce plat est d'origine russe. Il peut très bien servir d'entrée.

Lasagne au saumon

1151

http://home.tvd.be/sf15456/Frecette47.htm

Une lasagne différente qui surprendra vos invités.

Pêches et Océans Canada

3025

Des informations sur la qualité, la saveur et les modes de cuisson des poissons et fruits de mer pêchés au Canada.
http://www.ncr.dfo.ca/COMMUNIC/CUISINE/APPETIT/APPETIT.HTM

Mille feuille aux deux saumons et au comté

1152

http://www.geocities.com/Yosemite/9758/sau054.htm

Une recette qui demande un certain doigté.

Mousse de poisson sauce Bercy

1153

http://www.le-gourmet.com/recettes3-fr.html#recette9

Une recette pour cuisiniers expérimentés.

L'anchois

Tout sur ce délicieux petit poisson et de très bonnes recettes.
http://www.vanelli.com/

Panaché aux deux truites

http://membres.tripod.fr/corsica/index-21.html#njh

Un heureux mariage de truites de mer et de truites de rivière.

Pâté au saumon

http://www.cablog.net/jclangla/pate.html

La recette traditionnelle.

Pâté de saumon

http://www.geocities.com/Yosemite/9758/sau057.htm

À préparer la veille.

Poisson frit aux graines de sésame

http://www.saveurs.sympatico.ca/ency_2/sesame/poisson.htm

Une recette de maquereau qui vient de Corée.

Potée de poissons sauce rouille

http://www.coop.ch/f/RezeptDB/rezept.qry?function=write&record_id=
33149&lang=f&firstarg=festtag&magic=none

Ne pas trop faire cuire le poisson.

POISSONS

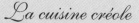

La cuisine créole 3027

Lexique de la gastronomie antillaise.
http://www.antilles-info-tourisme.com/guadeloupe/gastro.htm

Saumon à la bâloise

 1159

http://www.geocities.com/Yosemite/9758/sau033.htm

Un recette assez simple et rapide.

Saumon au gril

1160

http://www.geocities.com/Yosemite/9758/sau068.htm

On peut faire la même recette avec du flétan.

Saumon au vin rouge

1161

http://www.geocities.com/Yosemite/9758/sau069.htm

Demande un temps de cuisson de 45 minutes, mais la préparation est rapide.

Saumon aux poireaux

1162

http://www.geocities.com/Yosemite/9758/sau072.htm

Un plat assez raffiné, mais qui demande peu de préparation.

Saumon en croûte Tamar

1163

http://www.geocities.com/Yosemite/9758/sau151.htm

La truite saumonée ou l'omble de fontaine se prêtent bien aussi à cette recette.

Recettes de tous les jours pour la famille, faciles et rapides à faire.
Recettes de week-end, plus élaborées, quand on reçoit des amis intimes.
Recettes originales pour les grandes occasions.

Saumon poché, sauce hollandaise 1164

http://www.geocities.com/Yosemite/9758/sau017.htm

> *Si vous êtes pressé, utilisez de la sauce hollandaise en sachet que vous pouvez améliorer.*

Saumon rôti sur peau crème de céleri 1165

http://www.geocities.com/Yosemite/9758/sau027.htm

> *Des filets de saumon, c'est aussi bien.*

Sole à la poêle 1166

http://www.captage.com/saysibon/fr/085.htm

> *« La sole aime le beurre », nous dit avec volupté l'auteur de la recette. Il a raison.*

Tartare de saumon au citron vert 1167

http://www.geocities.com/Yosemite/9758/sau102.htm

> *Vos invités seront agréablement surpris.*

Truite à la bourgeoise 1168

http://www.fme.asso.fr/domaine/truite.html

> *On peut remplacer les truffes par des champignons de Paris.*

Ail on line 3028

Histoire, vertus, culture et recettes.
http://home.nordnet.fr/~slenfant/ail/

Truite ou saumon aux poireaux 🍳🍳   1169

http://fabien.petri.com/recettes/r_s_poir.htm

Pour faire aimer les poireaux…

Truite saumonée en papillote 🍳🍳   1170

http://pages.infinit.net/pranax/cuisine/truitepapillote.htm

Pour ceux qui se préoccupent de leur santé.

Truites à la meunière 🍳   1171

http://perso.wanadoo.fr/yves.huot-marchand/Lorraine/recette475.htm

Un façon simple de faire cuire la truite.

Turbot poché 🍳   1172

http://www.foodforum.org/site_fr/chef/9901/fra_recipe.html

Chauffez les assiettes avant de servir.

Zarzuela 🍳🍳   1173

http://www.geocities.com/Yosemite/9758/cre_f112.htm

De la morue, du saumon et des crevettes en brochettes sur du riz au safran.

*Notes*_____

_____

_____

_____

LES FRUITS DE MER

Aspic de crabe 1174

http://www.infokiosque.com/gastronomie/les%20recettes/recettes%20gl
anees/plats%20divers/aspic_de_crabe.htm

Un plat très apprécié et qui fait beaucoup d'effet.

Beignets de moules sauce piquante 1175

http://www.geocities.com/Yosemite/9758/mou80f.htm

Servir les beignets chauds.

Beignets de soufflés aux crevettes 1176

http://www.geocities.com/Yosemite/9758/cre_f123.htm

Si vous avec des petites crevettes, mettez-en deux.

Brochettes de crevettes 1177

http://www.geocities.com/Yosemite/9758/cre_f03.htm

Il faut laisser mariner de 2 à 4 heures au réfrigérateur.

FRUITS DE MER

L'héliciculture 3029

Tout sur l'élevage des escargots.
http://home.nordnet.fr/~phthomas/elevage.htm

Brochettes de crevettes

1178

http://www.geocities.com/Yosemite/9758/cre_f05.htm

Évitez de mettre trop de chapelure.

Brochettes de moules au lard

1179

http://www.geocities.com/Yosemite/9758/mou110f.htm

Une recette pour le gril.

Calmars à l'ail

1180

http://boitearecettes.infinit.net/public/boite/mer/mer0087.htm

L'auteur nous recommande de servir les calmars avec des feuilles de laitue et du cresson.

Carrés feuilletés aux fruits de mer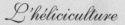

1181

http://www.geocities.com/Yosemite/9758/cre_f126.htm

Excellent avec des vol-au-vent.

Casserole de moules aux herbes

1182

http://www.geocities.com/Yosemite/9758/mou111f.htm

Servez avec du pain bis.

Recettes de tous les jours pour la famille, faciles et rapides à faire.
Recettes de week-end, plus élaborées, quand on reçoit des amis intimes.
Recettes originales pour les grandes occasions.

Cassolette de moules au roquefort

1183

http://www.geocities.com/Yosemite/9758/mou83f.htm

On peut remplacer le roquefort par un cheddar extra-fort.

Chaudrée de fruits de mer

1184

http://www.geocities.com/Yosemite/9758/cre_f34.htm

Le filet de turbo utilisé ici peut être facilement remplacé par un autre poisson.

Chausson de Saint-Jacques au coulis de homard

1185

http://perso.wanadoo.fr/denis.gaudichon/Recueil.html.fr#Chausson

Les « fines gueules » se régaleront à coup sûr.

L'oseille 3030

Ses propriétés médicinales et domestiques.
http://saveurs.sympatico.ca/ency_1/oseille/medical.htm

Chow mein aux crevettes

1186

http://www.geocities.com/Yosemite/9758/cre_f55.htm

Une recette qui redonne ses lettres de noblesse au Chow mein.

Coquilles Saint-Jacques à la dieppoise

1187

http://www.multimania.com/cuisinemamananne/recettes-fruits-mer.
htm#coquillesdieppoise

Les vrais amateurs ne pourront résister à ce plat.

Coquilles Saint-Jacques à la vapeur

http://perso.wanadoo.fr/yves.huot-marchand/Bretagne/recette63.htm

Facile et rapide, cette recette exige cependant des produits frais de grande qualité.

Crêpes de pommes de terre aux crevettes

http://www.geocities.com/Yosemite/9758/cre_f27.htm

Une recette assez difficile à faire.

Crevettes à la cantonaise

http://www.geocities.com/Yosemite/9758/cre_f44.htm

Je préfère râper du gingembre frais que de l'acheter en poudre.

Crevettes à la mexicaine marinées à l'ail

http://www.geocities.com/Yosemite/9758/cre_f08.htm

Je suggère d'utiliser la sauce salsa « moyenne ».

Crevettes au Pernod

http://www.geocities.com/Yosemite/9758/cre_f09.htm

N'hésitez pas à épaissir votre sauce.

Crevettes au Pernod

http://www.sje.qc.ca/recettes/fruitsdemer.htm#pernod

On recommande de servir sur du riz blanc. Mais c'est aussi excellent avec des pâtes.

Recettes de tous les jours pour la famille, faciles et rapides à faire.
Recettes de week-end, plus élaborées, quand on reçoit des amis intimes.
Recettes originales pour les grandes occasions.

Le guide alimentaire canadien

Des conseils utiles pour bien se nourrir.
http://www.hc-sc.gc.ca/hppb/la-nutrition/pubf/guidalim/guide.html

Crevettes au poivre vert

1194

http://www.geocities.com/Yosemite/9758/cre_f70.htm

Aussi rapide à faire que délicieux à manger.

Crevettes piquantes

1195

http://www.geocities.com/Yosemite/9758/cre_f06.htm

Voilà une bonne occasion de se servir d'un wok.

Crevettes, sauce madère

1196

http://www.geocities.com/Yosemite/9758/cre_f17.htm

À étendre généreusement sur un riz blanc basmati.

Croquettes de crevettes

1197

http://www.geocities.com/Yosemite/9758/cre_f22.htm

Une recette qui peut se préparer à l'avance.

Cuisses de grenouille

1198

http://lozere.citeweb.net/lozere/cuisine/cuisse.htm

Vous avez des problèmes avec l'ail, changez pour du beurre à l'échalote.

FRUITS DE MER

Demi-melons aux crevettes 1199

http://www.coop.ch/f/RezeptDB/rezept.qry?function=write&record_
id=32897&lang=f&firstarg=festtag&magic=http://www.coop.ch/f/
RezeptDB/rezept.qry?function=FirstForm&lang=f&kueche=festtag&
stichwort=&senden.x=42&senden.y=29

La recette est particulièrement bien illustrée.

Fajitas aux crevettes 1200

http://www.geocities.com/Yosemite/9758/cre_f19.htm

Il n'est pas nécessaire de faire les tortillas soi-même. On peut s'en procurer de très bonnes au supermarché.

Fruits de mer au pastis 1201

http://www.geocities.com/Yosemite/9758/cre_f01.htm

Rapide à faire et frais au goût. Idéal sur la terrasse, l'été.

Gratin de crevettes 1202

http://www.geocities.com/Yosemite/9758/cre_f20.htm

Au lieu du vin blanc, essayez un cidre sec. Vous m'en donnerez des nouvelles.

Gratin de crevettes 1203

http://www.geocities.com/Yosemite/9758/cre_f104.htm

Si vous servez ce plat en entrée, ne chargez pas trop la coquille Saint-Jacques.

Recettes de tous les jours pour la famille, faciles et rapides à faire.
Recettes de week-end, plus élaborées, quand on reçoit des amis intimes.
Recettes originales pour les grandes occasions.

Gratin de fruits de mer

1204

http://www.geocities.com/Yosemite/9758/mou41f.htm

> *On peut faire la même recette avec des poissons de son choix.*

Gratin de moules au safran

1205

http://www.geocities.com/Yosemite/9758/mou84f.htm

> *Demande un peu de temps de préparation.*

Huîtres chaudes au parfum d'agrumes

1206

http://pagefrance.com/gujan/lostrea/recettes_mars.htm

> *Une recette bien illustrée qui vous mettra l'eau à la bouche.*

Huîtres farcies à la charentaise

1207

http://www.cabuzel.com/oleron/recette.html#huitre

> *Pour faire découvrir les huîtres à ceux qui hésitent.*
> *Excellent en entrée.*

Huîtres pochées

1208

http://www.captage.com/saysibon/fr/072.htm

> *Une autre bonne façon de manger des huîtres.*

La Paella

1209

http://www.multimania.com/lucia/recettes/paella.html

> *Il faut avoir assez de temps pour la préparation. Mais quel plat !*

Langoustes grillées

http://perso.wanadoo.fr/yves.huot-marchand/Antilles/recette495.htm

Facile à préparer et délicieux.

L'églade

http://www.geocities.com/Yosemite/9758/mou77f.htm

Faire cette recette c'est aussi donner un spectacle. Mieux vaut la faire à l'extérieur de la maison et… s'exercer un peu avant. Je l'ai vue faire à Marennes par des champions !

Les piments farcis à la crevette

http://www.geocities.com/Yosemite/9758/cre_f43.htm

Vous devez avoir une bonne friteuse.

Marmite du pêcheur

http://www.geocities.com/Yosemite/9758/mou86f.htm

Vous pouvez varier les fruits de mer et les poissons.

Mouclade

http://www.geocities.com/Yosemite/9758/mou87f.htm

Une mouclade est un plat de moules au vin blanc.

Moules à la provençale

http://www.geocities.com/Yosemite/9758/mou101f.htm

La recette classique pour beaucoup d'amateurs de moules.

*Recettes de tous les jours pour la famille, faciles et rapides à faire.
Recettes de week-end, plus élaborées, quand on reçoit des amis intimes.*

Moules au basilic

1216

http://www.geocities.com/Yosemite/9758/mou29f.htm

Les sauciers prendront un plaisir fou à faire cette recette.

Moules au cidre

1217

http://www.geocities.com/Yosemite/9758/mou11f.htm

On peut remplacer le cidre par de la bière brune.

Le sel 3032

De son origine à ses utilisations, de sa récolte à sa consommation, découvrez la richesse de cet « or blanc ».
http://www.aquasel.fr/aquasel/aquasel.nsf/html/acc_francais?OpenDocument

Moules au riz pilaf

1218

http://www.geocities.com/Yosemite/9758/mou89f.htm

Excellent aussi avec du riz sauvage.

Moules farcies

1219

http://www.geocities.com/Yosemite/9758/mou3f.htm

Quand vous gratinez, utilisez une minuterie ou laissez la porte du four ouverte de quelques centimètres. Vous éviterez ainsi des dégâts.

FRUITS DE MER

Moules marinières

1220

http://www.geocities.com/Yosemite/9758/mou93f.htm

> *Et n'oubliez surtout pas les frites, qui sont aux moules ce que les Belges sont…*

Moules saintongeaises

1221

http://www.epicuria.fr/recette/cognac1.htm#Moules Saintongeaise

> *Le temps de prendre un apéro et la recette est prête.*

Pâté aux palourdes et aux coques

1222

http://www.capacadie.com/recettes/recette2.html

> *Une vraie recette acadienne.*

Pizza aux fruits de mer

1223

http://www.geocities.com/Yosemite/9758/mou51f.htm

> *Il se vend des pâtes à pizza déjà préparées. Il y en a des meilleures et des moins bonnes.*

Quiche bretonne

1224

http://www.geocities.com/Yosemite/9758/mou53f.htm

> *Il n'est pas nécessaire de la flamber.*

Ragoût de fruits de mer

1225

http://www.geocities.com/Yosemite/9758/mou55f.htm

> *Attention ! Il vous faudra prévoir une deuxième tournée, vos invités vont en redemander.*

Recettes de tous les jours pour la famille, faciles et rapides à faire.
Recettes de week-end, plus élaborées, quand on reçoit des amis intimes.
Recettes originales pour les grandes occasions.

Ragoût de fruits de mer 🎩🎩🎩   1226

http://www.geocities.com/Yosemite/9758/cre_f136.htm

> *Variez les fruits de mer d'une fois à l'autre.*

Scampi à l'ail 🎩🎩🎩   1227

http://www.geocities.com/Yosemite/9758/cre_f77.htm

> *Décortiquer les scampi est un art qui s'est un peu perdu.*

Scampi frits et riz au persil 🎩🎩🎩   1228

http://www.multimania.com/vbrault/1884/Poissons_1884.htm#
Pain_Homard

> *2 heures de refroidissement sont nécessaires et 2 heures de repos pour la pâte.*

Vol au vent aux fruits de mer 🎩🎩🎩   1229

http://www.geocities.com/Yosemite/9758/mou66f.htm

> *L'un de mes péchés mignons.*

Notes _____

_____

_____

_____

_____

_____

_____

Ailerons de poulet à l'aigre-doux 1230

http://www.construire.ch/SOMMAIRE/RECETTES/12recett.htm

Faire mariner les ailerons pendant 4 heures.

Ailes au piment doux 1231

http://www.multimania.com/zigus/recettes/pouletailesaupiment.htm

Facile à faire. Servir froid ou chaud.

Ailes de poulet glacées à l'érable 1232

http://www.ivic.qc.ca/abriweb/erable/_recipe6.html#anchor606795

Vous pouvez changer les ailes par des pilons. C'est aussi délicieux.

Blancs de poulet « alla carbonara » 1233

http://www.coop.ch/f/RezeptDB/rezept.qry?function=write&record_id=
111&lang=f&firstarg=waehrschaft&magic=none

Une recette concoctée par un grand restaurateur suisse.

Cailles à la Cataroise et aux raisins

http://members.aol.com/cataroise/grandecu.htm

> *La Cataroise est un vin doux de la région de Bézier en France.*
> *On peut le prendre en apéritif.*

Cailles rôties

http://www.captage.com/saysibon/fr/092.htm

> *Pour éviter qu'elles ne sèchent, enveloppez les cailles dans des feuilles*
> *de choux que vous enlèverez à la fin de la cuisson.*

Canard à l'orange

http://www.lodace.com/cuisine/rctcla/gibier/canoranr.htm

> *J'ai déjà fait cette recette avec des pamplemousses. C'est aussi*
> *délicieux.*

Canard à l'orange

http://perso.wanadoo.fr/yves.huot-marchand/IledeFrance/recette155.htm

> *La recette classique avec cognac et Grand Marnier.*

Canard aux cinq épices

http://altern.org/mcbesse/canepices.htm

> *Il faut prévoir plusieurs heures de marinage.*

Canard rôti de Québec

http://www.epicuria.fr/partenaires/pl02.htm

> *Faire cuire pendant 1/2 heure et arroser 3 ou 4 fois.*

VOLAILLE

Chapon rôti

1240

http://perso.wanadoo.fr/bourgogne/page14.html

Il faut l'arroser généreusement de son jus pendant la cuisson.

Coq au vin

1241

http://perso.wanadoo.fr/yves.huot-marchand/Bourgogne/recette230.htm

On peut préparer ce plat à l'avance, le matin pour le soir par exemple.

Coq au vin

1242

http://www.epicuria.fr/paul-bocuse/recet01.htm

*Les recettes de Paul Bocuse ne sont pas toujours faciles. Celle-ci
cependant est relativement simple à faire. À commencer la veille.*

Coquelet en corbeille

1243

http://www.construire.ch/SOMMAIRE/9910/10recett.htm

Le coquelet est un jeune poulet.

Cuisses de dinde à la menthe

1244

http://www.revsports.com/passioncuisine/express/ep81.htm

Originale et assez facile à faire.

Cuisses de poulet laquées au miel

1245

http://www.multimania.com/zigus/recettes/pouletcuissepoulet.htm

Une recette qui change du poulet traditionnel.

Recettes de tous les jours pour la famille, faciles et rapides à faire.
Recettes de week-end, plus élaborées, quand on reçoit des amis intimes.
Recettes originales pour les grandes occasions.

Christofle 🖱3033

Site du célébre orfèvre parisien. Pour tout savoir sur les arts de la table à la française.
http://www.christofle.com/bienvenu.htm

Dindon de Noël 🍴🍴 🖱1246

http://www.construire.ch/SOMMAIRE/9851/51recett.htm

Attention ! Ne pas trop farcir la dinde, la farce gonfle pendant la cuisson.

Escalopes de dinde au fromage 🍴🍴 🖱1247

http://perso.club-internet.fr/stdelep/escalope.html

Cette recette s'ennoblit avec un fromage de chèvre.

Fricassée de poulet aux cèpes 🍴🍴 🖱1248

http://www.le-gourmet.com/recettes8-fr.html#Fricassée de poulet aux cèpes

On peut remplacer les cèpes par d'autres champignons.

Maffé de poulet du Cameroun 🍴🍴 🖱1249

http://www.multimania.com/cross/anthony/fr/recettes/plats.html#volailles02

À préparer la veille.

Pigeon au cresson de fontaine sauvage et sa papillote de pois gourmands

1250

http://www.gourmandia.com/cgi-bin/Recipies.pl?Recette=191

> *Assez difficile à concocter. On peut remplacer les pigeons par des cailles. Un vin rosé accompagne bien ce plat.*

Pigeons aux fines herbes

1251

http://perso.wanadoo.fr/yves.huot-marchand/Poitou/recette420.htm

> *Utilisez des fines herbes fraîches pour les farces et les cuissons.*

Pilon de dinde aux raisins

1252

http://www.infokiosque.com/gastronomie/les%20recettes/recettes%20gl
anees/plats%20divers/page%2020%20manchons%20de%20dinde.htm

> *Un plat économique et original.*

Pintade à la cocotte

1253

http://www.captage.com/saysibon/fr/116.htm

> *Une volaille savoureuse. On peut remplacer le vin par de la crème fraîche.*

Pintade au chou

1254

http://perso.wanadoo.fr/yves.huot-marchand/Lyonnais/recette33.htm

> *La pintade est meilleure bien cuite. Laisser mijoter pendant au moins 1 h 45.*

Recettes de tous les jours pour la famille, faciles et rapides à faire.
Recettes de week-end, plus élaborées, quand on reçoit des amis intimes.
Recettes originales pour les grandes occasions.

Pintade farcie à l'armagnac

1255

http://www.gourmandia.com/cgi-bin/Recipies.pl?Recette=100

Il y a dans cette recette des raisins blancs que l'on doit laisser dans l'armagnac pendant quelques heures.

Pintadeau aux bananes

1256

http://www.multimania.com/zigus/recettes/pintadebanane.htm

Et une recette de farce extraordinaire !

Poitrines de poulet à l'orientale
marinées à la Sapporo

1257

http://www.cam.org/~biere/Pages/rubriques/cui/poulet/oriental.html

La Sapporo est une bière que l'on peut remplacer par une autre que l'on a sous la main.

Poule au pot

1258

http://www.captage.com/saysibon/fr/121.htm

Une recette qui se fait sur deux jours.

Poulet « Alla Romana »

1259

http://www.coop.ch/f/RezeptDB/rezept.qry?function=write&record_id=
32917&lang=f&firstarg=waehrschaft&magic=none

*Une autre manière intéressante de préparer le poulet.
Servez avec des frites.*

VOLAILLE

Poulet à la basquaise
1260

http://www.le-gourmet.com/recettes5-fr.html#recette14

Le plat d'accompagnement qui s'impose est le riz blanc.

Poulet au citron
1261

http://home.tvd.be/sf15456/Frecette61.htm

Du poulet qui goûte différemment.

Poulet au citron
1262

http://www.cercledesdiabetologues.com/pouletci.htm

Pour ceux qui surveillent le sucre dans leur alimentation.

Poulet au vin rouge
1263

http://www.coop.ch/f/RezeptDB/rezept.qry?function=write&record_id=
32901&lang=f&firstarg=waehrschaft&magic=none

À préparer la veille.

Poulet aux 40 gousses d'ail
1264

http://www.miam-miam.com/recett1/recettes/poul40.htm

Pour ceux qui aime l'ail...

Poulet aux ananas et citron
1265

http://gauss.math.jussieu.fr/~jas/cuisine/cuis97.html

Un recette classique de poulet facile à faire.

Recettes de tous les jours pour la famille, faciles et rapides à faire.
Recettes de week-end, plus élaborées, quand on reçoit des amis intimes.
Recettes originales pour les grandes occasions.

Noël 3034

Les grandes traditions de Noël à travers le monde.
http://www.eurogastronomy.com/fr/1/themes.htm

Poulet croustillant 1266

http://www.construire.ch/SOMMAIRE/9746/46recett.htm

> *Faire mariner les morceaux de poulet pendant 6 heures ou toute une nuit au réfrigérateur.*

Poulet farci aux fruits et au riz 1267

http://www.cooperation-online.ch/inh_detail.cfm?art=6301

> *Accompagné d'une sauce aux raisins, ce poulet farci à la nectarine et à la banane réjouira les papilles en quête d'exotisme.*

Poulet laqué au miel 1268

http://www.epicuria.fr/recette/poulet.htm#viande

> *Facile à faire. Un poulet prêt en 45 minutes.*

Poulet Marengo à la française 1269

http://www.construire.ch/SOMMAIRE/9733/33recett.htm

> *La recette peut se faire avec du veau ou du lapin.*

VOLAILLE

Poulet rôti aux tomates

1270

http://www.captage.com/saysibon/fr/125.htm

> *Faire cuire les tomates à part.*

Poulet sauté à la crème

1271

http://www.construire.ch/SOMMAIRE/9812/12recett.htm

> *Préparez cette recette dans une casserole à revêtement antiadhésif.*

Poulet sauté aux légumes

1272

http://www.chen.qc.ca/Poulets%20aux%20legumes.htm

> *Pour ceux qui aiment les mets chinois à la mode nord-américaine.*

Tourte au poulet et aux légumes

1273

http://www.net-creation.fr/terroir/pages/r_poul01.htm

> *Choisir de grosses poitrines de poulet.*

*Notes*_____

_____

_____

_____

_____

_____

_____

_____

Recettes de tous les jours pour la famille, faciles et rapides à faire.
Recettes de week-end, plus élaborées, quand on reçoit des amis intimes.
Recettes originales pour les grandes occasions.

LES VIANDES

Brochettes d'agneau 1274

http://www.revsports.com/passioncuisine/express/ep28.htm

À faire sur le gril dehors. Il faut laisser mariner pendant 12 heures.

Côtelettes d'agneau avec cresson 1275

http://home.nordnet.fr/~pestival/pain1.htm#Côtelettes d'agneau avec cresson

Vous avez de jeunes enfant ? En préparant votre agneau, pourquoi ne pas en profiter pour leur faire lire la fable de La Fontaine : Le loup et l'agneau (http://www.citeweb.net/fables/menu.htm).

Filet d'agneau rôti au poivre et au miel 1276

http://www.le-marche-normand.com/recettes/rmn40.htm

L'auteur nous fait remarquer que « la douceur du miel et le dosage du poivre doivent tomber en parfait accord ».

Gigot d'agneau à la solognote 1277

http://perso.wanadoo.fr/club.tdl/c_agneau.htm#agneau-002

Un légume qui se marie bien avec l'agneau : les têtes de violon. On en trouve au marché en saison (au printemps) et toute l'année au comptoir des produits congelés.

Gigot d'agneau

1278

http://www.le-gourmet.com/recettes8-fr.html#Strate de saumon et chèvre

7 heures de cuisson, mais le résultat en vaut le coup… et le coût.

Gigot d'agneau aux pommes boulangères

1279

http://www.marmiton.org/menu/b_recette.cfm?typerecherche=0&index=10698&criteria=agneau&startr=61

Un plat de maître facile à faire par un débutant.

Gigot pascal

1280

http://www.marmiton.org/menu/b_recette.cfm?typerecherche=0&index=5729&criteria=agneau&startr=61

Servir avec des haricots verts sautés au beurre.

Gratin de potiron à la viande

1281

http://www.marmiton.org/menu/b_recette.cfm?typerecherche=0&index=8035&criteria=agneau&startr=61

Les restes de viande de la veille font très bien ici.

Harira

1282

http://www.marmiton.org/menu/b_recette.cfm?typerecherche=0&index=5732&criteria=agneau&startr=41

C'est une soupe épaisse avec un bon morceau d'agneau. Un excellent repas complet. Il faut faire tremper les pois chiches la veille.

Recettes de tous les jours pour la famille, faciles et rapides à faire.
Recettes de week-end, plus élaborées, quand on reçoit des amis intimes.
Recettes originales pour les grandes occasions.

Pour tout savoir sur l'agneau 3035

Achat, conservation, cuisson.
http://www.centre-info-viande.asso.fr/theme4/item3/index.htm

Irish stew 1283

http://www.captage.com/saysibon/fr/107.htm

Un ragoût facile à faire.

Irish stew 1284

http://www.marmiton.org/menu/b_recette.cfm?typerecherche=0&index=
5738&criteria=agneau&startr=41

Un plat toujours aussi merveilleux !

Mignonnettes d'agneau aux petits légumes 1285

http://www.marmiton.org/menu/b_recette.cfm?typerecherche=0&index=
5746&criteria=agneau&startr=41

Repas idéal pour les amoureux.

Moussaka 1286

http://gauss.math.jussieu.fr/~jas/cuisine/cuis17.html

*À faire quand les aubergines sont arrivées au marché. Notez que l'on
peut faire la même recette avec du veau.*

Moussaka

1287

http://www.marmiton.org/menu/b_recette.cfm?typerecherche=0&index=
502&criteria=agneau&startr=41

Vos invités vont s'en souvenir longtemps !

Mouton aux pommes de terre

1288

http://www.marmiton.org/menu/b_recette.cfm?typerecherche=0&index=
5757&criteria=agneau&startr=41

Les tomates donnent un goût différent. Facile à faire et économique.

Navarin de mouton

1289

http://www.marmiton.org/menu/b_recette.cfm?typerecherche=0&index=
5761&criteria=agneau&startr=41

*Le ragoût est dans la casserole et peut attendre pendant que vous buvez
votre apéro. Une recette pour 6 personnes.*

Noisette d'agneau à la mironton

1290

http://www.marmiton.org/menu/b_recette.cfm?typerecherche=0&index=
5764&criteria=agneau&startr=41

Si vous aimez les plats gratinés, vous serez comblé.

Poitrine d'agneau aux oignons

1291

http://www.marmiton.org/menu/b_recette.cfm?typerecherche=0&index=
5767&criteria=agneau&startr=41

*Un plat économique. Faites cuire à four assez doux et servez avec
du riz.*

Ragoût au chou 1292

http://www.marmiton.org/menu/b_recette.cfm?typerecherche=0&index=
5774&criteria=agneau&startr=21

> *Il faut prévoir deux bonnes heures pour la préparation et la cuisson.*

Ragoût avec un reste de viande 1293

http://www.marmiton.org/menu/b_recette.cfm?typerecherche=0&index=
5784&criteria=agneau&startr=21

> *Si vous n'avez pas assez de viande, ajouter des petites saucisses à la fin
> de la cuisson.*

Agneau de pré-salé 3036

Agneau nourri dans des prés qui sont périodiquement inondés par
la mer.
http://www.tastefrance.com/normandie4.htm

Ragoût d'agneau à la bière 1294

http://lebulletin.com/recettes/ragout.cfm

> *Servir avec des pommes de terre, du rutabaga et, bien sûr, de la bière
> fraîche.*

Ragoût d'agneau aux raisins 1295

http://www.gumbopages.com/food/swiss/ragoutdagneau.html

> *On peut oublier le gigot et prendre des côtelettes d'agneau.*

AGNEAU

Ragoût printanier 1296

http://www.marmiton.org/menu/b_recette.cfm?typerecherche=0&index=
5781&criteria=agneau&startr=21

Un repas complet dans votre marmite.

Ris d'agneau, sauce à l'oseille 1297

http://www.marmiton.org/menu/b_recette.cfm?typerecherche=0&index=
5785&criteria=agneau&startr=21

Servir accompagné de pâtes fraîches.

Rognons sautés au madère 1298

http://www.marmiton.org/menu/b_recette.cfm?typerecherche=0&index=
5789&criteria=agneau&startr=21

Une très bonne façon de déguster des rognons d'agneau.

Sauté d'agneau à la grecque 1299

http://www.marmiton.org/menu/b_recette.cfm?typerecherche=0&index=
5791&criteria=agneau&startr=21

Un très bon plat à servir avec de la purée de pommes de terre sucrées.

Sauté d'agneau aux poivrons et aux olives 1300

http://www.marmiton.org/menu/b_recette.cfm?typerecherche=0&index=
5799&criteria=agneau&startr=1

Une recette pour des cuistots avertis.

Recettes de tous les jours pour la famille, faciles et rapides à faire.
Recettes de week-end, plus élaborées, quand on reçoit des amis intimes.
Recettes originales pour les grandes occasions.

Terrine d'agneau 🎩🎩🎩   1301

http://www.marmiton.org/menu/b_recette.cfm?typerecherche=0&index=
5822&criteria=agneau&startr=1

Quel délice ! Un plat à faire pour les grandes occasions.

Tranches de gigot aux endives 🎩🎩   1302

http://www.coop.ch/f/RezeptDB/rezept.qry?function=write&record_id=3
3081&lang=f&firstarg=waehrschaft&magic=none

Une recette qui demande une bonne préparation.

Notes _____

_____

_____

_____

_____

_____

_____

_____

_____

_____

_____

_____

_____

_____

_____

Aiguillette de bœuf

1303

http://www.le-gourmet.com/recettes1-fr.html#recette4

> *Un repas de famille, typique du dimanche.*

Bifteck au poivre et aux tomates

1304

http://boitearecettes.infinit.net/public/boite/via_boeuf/boeuf0068.htm

> *Un excellente souper pour 4 personnes.*

Bifteck suisse à la crème aigre

1305

http://boitearecettes.infinit.net/public/boite/via_casserole/casserole
0025.htm

> *Faites votre propre crème aigre avec du citron.*

Biftecks au poivre

1306

http://boitearecettes.infinit.net/public/boite/via_boeuf/boeuf0188.htm

> *Une recette qui peut se faire au micro-ondes.*

Bœuf braisé à la flamande

1307

http://www.le-gourmet.com/recettes1-fr.html#recette9

> *Remplacez le vinaigre de vin blanc par du citron.*

La cuisine au barbecue 3037

Un article de journal sur les bons et les mauvais côtés de la cuisine au barbecue.
http://www.craph.org/montreal/presse/art2007b.htm#top

Bœuf braisé aux oignons

1308

http://www.sje.qc.ca/recettes/boeuf.htm#oignons

Ce plat peut être préparé la veille.

Bœuf braisé jardinière

1309

http://www.multimania.com/zigus/recettes/boeufbrais.htm

Prévoir au moins trois heures de cuisson.

Bœuf en daube

1310

http://lebulletin.com/recettes/9802.cfm

La daube est meilleure préparée la veille. On peut remplacer le vin rouge par du consommé de bœuf.

Bœuf strogonoff

1311

http://home.tvd.be/sf15456/Frecette24.htm

Une recette classique. Une excellente façon de passer certains morceaux de bœuf.

Boulettes à la suédoise

1312

http://boitearecettes.infinit.net/public/boite/via_boulette/boulette
0012.htm

Se fait rapidement avec de la viande hachée (bœuf et porc).

Boulettes à la viande en sauce à la menthe

1313

http://www.construire.ch/SOMMAIRE/9925/25recett.htm

Se mange avec du pain pita.

Chateaubriand à la moelle

1314

http://www.chez.com/chateaubriant/page3.html

> *Avant de le faire cuire, laissez la viande prendre la température de la pièce.*

Châteaubriant au whisky et à la crème d'anchois

1315

http://www.chez.com/chateaubriant/page18.html

> *On suggère de servir avec quelques bouquets de chou-brocoli simplement cuits à la vapeur.*

Châteaubriant « dijonnaise »

1316

http://www.chez.com/chateaubriant/page19.html

> *Bleu, il est à son meilleur.*

Châteaubriant à la périgourdine

1317

http://www.chez.com/chateaubriant/page20.html

> *Pour un tête à tête. Un plat envoûtant.*

Châteaubriant au carpaccio de St-Jacques

1318

http://www.chez.com/chateaubriant/page9.html

> *Le mot sublime est faible ici.*

Châteaubriant au fromage de brebis

1319

http://www.chez.com/chateaubriant/page15.html

> *Aussi bon avec un fromage de chèvre.*

Recettes de tous les jours pour la famille, faciles et rapides à faire.
Recettes de week-end, plus élaborées, quand on reçoit des amis intimes.
Recettes originales pour les grandes occasions.

Le Berry 3038

Recettes traditionnelles d'une région de France.
http://perso.wanadoo.fr/fabrice.dubois/recettes.htm

Châteaubriant aux dragées d'ail   1320

http://www.chez.com/chateaubriant/page11.html

Il faut essayer cette recette au moins une fois dans sa vie.

Châteaubriant en feuilleté   1321

http://www.chez.com/chateaubriant/page16.html

À faire sur deux jours.

Châteaubriant mariné au porto   1322

http://www.chez.com/chateaubriant/page10.html

Faire mariner la viande au moins deux heures avant d'entreprendre la recette.

Chop Suey (bœuf haché) 1323

http://www.sje.qc.ca/recettes/boeuf.htm#chop

Le bœuf peut être remplacé par des restes d'agneau.

Croquettes de viande hachée à la sauce tomate 1324

http://www.multimania.com/zigus/recettes/boeufcroquette.htm

Un bon repas de dernière minute.

Entrecôte «Marchand de Vin»

http://www.epicuria.fr/cave-du-blayais/recettes.htm

Recette pour deux personnes, rapide et facile à faire.

Filet de bœuf en croûte, farce champignon

http://gauss.math.jussieu.fr/~jas/cuisine/cuis145.html

Servez ce plat avec des brocolis.

Le pâté chinois 3039

Le site officiel.
http://patechinois.cjb.net/

Frico 1327

http://boitearecettes.infinit.net/public/boite/via_tourte/tourte0014.htm

Un mets d'origine acadienne.

Fondue bourguignonne 1328

http://www.pubinfonet.qc.ca/Lorraine/RECETTE.HTM#FONDUE_
BOURGUIGNONNE

*Une recette traditionnelle de fondue. Vous pouvez remplacer l'huile
par du bouillon de légumes.*

Grillade au beurre maître d'hôtel 1329

http://home.tvd.be/sf15456/Frecette54.htm

Simple et vite fait.

 Recettes de tous les jours pour la famille, faciles et rapides à faire.
Recettes de week-end, plus élaborées, quand on reçoit des amis intimes.
Recettes originales pour les grandes occasions.

Hachis parmentier

 1330

http://perso.club-internet.fr/stdelep/hachis.html

La véritable recette du hachis parmentier.

Pain de viande

 1331

http://www.angelfire.com/pq/corneliaskitchen/boeuf.html#boeuf1

Il existe des dizaines de variantes de ce plat dont toute la famille raffole.

Pain de viande

 1332

http://recettes.iquebec.com/recettes/page91.html

Une autre variante de cette recette populaire.

Pâté à la viande rapide

 1333

http://boitearecettes.infinit.net/public/boite/via_tourte/tourte0045.htm

Rapide à faire, mais tout à fait délicieux.

Pâté chinois

 1334

http://boitearecettes.infinit.net/public/boite/via_pate/v_pate0001.htm

La recette traditionnelle.

Pâté chinois

 1335

http://boitearecettes.infinit.net/public/boite/via_pate/v_pate0005.htm

C'est, à mon avis, la meilleure recette de pâté chinois.

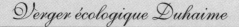

Verger écologique Duhaime 3040

Des recettes à base de pommes.
http://www.concept.qc.ca/duhaime/recette.html

Pot-au-feu du jardin 1336

http://boitearecettes.infinit.net/public/boite/via_pot_au_feu/pot_au_
feu0006.htm

Ce n'est rien de compliqué. Bon et nourrissant.

Pot-au-feu traditionnel 1337

http://boitearecettes.infinit.net/public/boite/via_pot_au_feu/pot_au_feu
0001.htm

Un pot-au-feu traditionnel. Un petit bijou de recette !

Ragoût de bœuf à l'ancienne 1338

http://www.multimania.com/zigus/recettes/boeufragout.htm

Une recette « après ski ». Servir avec de la purée de pommes de terre.

Ragoût de bœuf à l'érable 1339

http://gauss.math.jussieu.fr/~jas/cuisine/cuis58.html

Prévoir deux bonnes heures de cuisson.

Ragoût irlandais

1340

http://www.infokiosque.com/gastronomie/les%20recettes/recettes%
20glanees/plats%20divers/page%2015%20ragout%20irlandais.htm

> *Le mieux est de faire ce plat la veille et de le faire réchauffer le moment venu.*

Steak haché aux champignons

1341

http://www.multimania.com/zigus/recettes/boeufsteakchampi.htm

> *Idéal pour la cuisson sur le gril.*

Steak tartare

1342

http://perso.wanadoo.fr/yves.huot-marchand/IledeFrance/recette149.htm

> *Les puristes prétendent que le véritable steak tartare se prépare avec de la viande de cheval… je suis aussi de cet avis.*

Steaks au poivre

1343

http://perso.wanadoo.fr/mmg/viandes/steacks_poivre.htm

> *Un classique qui plaît toujours.*

Steaks flambés aux champignons

1344

http://www.maxigb.be/cgi-bin/gbrecette.pl?lang=fr&ref=1200

> *Un repas entre amis avant une partie de bridge…*

BŒUF

Steaks hachés aux herbes sur lit d'asperges
et beurre fondu au beaujolais 1345

http://www.coop.ch/f/RezeptDB/rezept.qry?function=write&record_id=
32911&lang=f&firstarg=saison&magic=none

> *Ça change du steak haché et des patates.*

Tartare de viande au blé concassé (Kibbé nayeh) 1346

http://www.libanus.com/recettes/4012.htm

> *Une recette d'origine arabe. Vous serez agréablement surpris
> de la réaction de vos invités.*

Tournedos au bleu d'Auvergne
et gratin dauphinois 1347

http://www.gourmetseeker.com/recettes/bleu.html

> *C'est tout simplement un délice !*

Tourtière 1348

http://boitearecettes.infinit.net/public/boite/via_tourte/tourte0036.htm

> *Cette même recette, nous dit l'auteur, peut aussi servir pour faire des
> chaussons au bœuf.*

*Notes*_____

_____

_____

_____

_____

Brochettes de porc

http://boitearecettes.infinit.net/public/boite/via_porc/porc0075.htm

> *Avec une magnifique marinade au soya qui doit être réfrigérée au moins 2 heures. Servir avec un riz blanc.*

Cassoulet occitan

http://www.le-gourmet.com/recettes6-fr.html#recette3

> *Une recette pour huit personnes. 10 minutes de préparation et 3 heures de cuisson.*

Choucroute

http://www.fdn.fr/~csalome/recette/recette.html#choucroute

> *Un repas exceptionnel.*

Choucroute traditionnelle

http://www.miam-miam.com/recett1/recettes/choucroute.htm

> *Un repas pour une fête.*

Cipâte

http://boitearecettes.infinit.net/public/boite/via_tourte/tourte0010.htm

> *Une des nombreuses variantes de ce plat.*

Coq au porc

http://boitearecettes.infinit.net/public/boite/via_porc/porc0093.htm

> *Servir avec des tagliatelles.*

Côtelettes de porc au sirop d'érable

1355

http://www.angelfire.com/pq/corneliaskitchen/porc.html#porc5

Si vous aimez le goût sucré de la viande, cette recette est pour vous.

Côtes de porc au miel

1356

http://www.marmiton.org/menu/b_recette.cfm?typerecherche=0&index=11161&criteria=porc&startr=1

Encore meilleur réchauffé.

Le figatellu 3041

Une charcuterie à découvrir.
http://www.arobase.fr/CharcuterieM/MoraFiga.html

Côtes de porc sauce barbecue

1357

http://www.marmiton.org/menu/b_recette.cfm?typerecherche=0&index=8016&criteria=porc&startr=1

Délicieux avec un riz créole.

Cretons à la québecoise

1358

http://boitearecettes.infinit.net/public/boite/via_terrine/terrine0014.htm

Une recette classique.

Recettes de tous les jours pour la famille, faciles et rapides à faire.
Recettes de week-end, plus élaborées, quand on reçoit des amis intimes.
Recettes originales pour les grandes occasions.

Cretons à l'ancienne 1359

http://boitearecettes.infinit.net/public/boite/via_terrine/terrine0019.htm

Avec clous de girofle moulus et cannelle. On peut remplacer la mie de pain par 3/4 tasse de chapelure.

Escalope de porc et sa compote ensoleillée 1360

http://www.leporcduquebec.qc.ca/recette53-esccomp.html

Une très belle photo accompagne la description.

Filet de porc aux épices 1361

http://www.multimania.com/botzaris/recaill1.htm#filet

Laissez reposer la viande dans le mélange d'épices au moins une heure.

Filet mignon de porc laqué, nouilles chinoises 1362

http://www.avaric.com/ecoles/site%20jc/cahierecette/menus/theme/
lesepice.htm#mignonlaqué

Excellent pour un repas en tête-à-tête.

La charcuterie Corse 3042

Tout savoir sur une charcuterie qui séduit les gastronomes.
http://www.libeccio.com/gastronomia.htm

Jambon au madère

http://macuisine.ifrance.com/macuisine/rec007/rec007.html

Une recette simple, facile et rapide à faire. On peut remplacer le madère par du vin blanc.

Jambon persillé

http://perso.wanadoo.fr/yves.huot-marchand/Bourgogne/recette195.htm

Une des grandes spécialités bourguignonnes.

Le Roigabrageldi

http://users.skynet.be/alsace-terroir/page119.html

Il faut détailler le lard fumé en lardons. Une recette traditionnelle pour l'hiver.

Le rôti de porc à la paysanne 1366

http://users.skynet.be/alsace-terroir/page120.html

Pour le dîner du dimanche. Savoureux et consistant.

Mignon de porc aux figues 1367

http://www.france3.fr/atable/viandes12.html

Vous trouverez à la même adresse une excellente recette de crêpes de lentilles.

Le saucisson sec d'Auvergne 3043

Les techniques de salage et de séchage de la viande.
http://www.regale-toi.fr/

Recettes de tous les jours pour la famille, faciles et rapides à faire.
Recettes de week-end, plus élaborées, quand on reçoit des amis intimes.
Recettes originales pour les grandes occasions.

Mini pain de viande à la florentine

1368

http://www.leporcduquebec.qc.ca/recette55-minipain.html

Cette recette convient aussi pour un moule à pain ordinaire.

Porc à la chinoise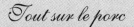

1369

http://www.construire.ch/SOMMAIRE/9918/18recett.htm

La viande peut être cuite deux jours à l'avance et gardée au réfrigérateur.

Tout sur le porc 3044

Élevage, anecdotes, coupes, cuissons, recettes...
http://www.leporcduquebec.qc.ca/

Porc à la sauce aigre-douce

1370

http://gauss.math.jussieu.fr/~jas/cuisine/cuis131.html

Ceux qui veulent éviter les graisses, oubliez cette recette.

Ragoût de boulettes

1371

http://www.sje.qc.ca/recettes/ragoût.htm#boulettes

J'ajoute toujours des pattes de porc à ce ragoût.

Ragoût de porc aux fèves germées

1372

http://www.unibroue.com/cuisine/ragout1.html

Pour plus de rapidité, utiliser l'autocuiseur.

Le jambon de Bayonne 3045

Une histoire fascinante…
http://www.jambon-de-bayonne.com/histoire.htm

Rizotto de porc au vin blanc

1373

http://www.lodace.com/cuisine/rctmonde/risotvbl.htm

> *Une bonne façon de terminer les restes du rôti de la veille.*

Rôti de porc à l'orange

1374

http://www.multimania.com/demey/cuisine/Roti_de_porc_a_l_
orange.htm

> *Essayez avec des pamplemousses, vous m'en donnerez des nouvelles.*

Rôti de porc sauce poivrade

1375

http://www.marmiton.org/menu/b_recette.cfm?typerecherche=0&index=
7985&criteria=porc&startr=121

> *Doit mariner dans sa sauce durant 24 heures.*

Salade de porc au chou

1376

http://www.marmiton.org/menu/b_recette.cfm?typerecherche=0&index=
2455&criteria=porc&startr=101

> *Avec des lardons et des saucisses, on peut ajouter du rôti de porc froid
> coupé en fins bâtonnets.*

Saucisses à la chapelure 1377

http://www.marmiton.org/menu/b_recette.cfm?typerecherche=0&index=
9504&criteria=porc&startr=81

> *C'est du porc que vous avez haché et roulé vous-même. Délicieux !*

Sauté de porc à la provençale 1378

http://www.marmiton.org/menu/b_recette.cfm?typerecherche=0&index=
7993&criteria=porc&startr=81

> *Économique et vite fait.*

Sauté de porc en ratatouille 1379

http://www.leporcduquebec.qc.ca/recette54-sautra.html

> *Servir avec des petits pains et une salade romaine.*

Spare Ribs 1380

http://www.marmiton.org/menu/b_recette.cfm?typerecherche=0&index=
8000&criteria=porc&startr=41

> *Une bonne idée pour rendre les côtes de porc croustillantes.*

La caillette 3046

Son histoire, sa fabrication, sa conservation.
http://www.multimania.com/caillette/present/present.htm

Terrine de foie de porc 🐾🐾

1381

http://www.marmiton.org/menu/b_recette.cfm?typerecherche=0&index=
10529&criteria=porc&startr=21

>*Il faut compter un bon deux heures pour la préparation et la cuisson.*
>*Sans parler du refroidissement nécessaire avant de servir.*
>*Peut servir d'entrée.*

Terrine de porc 🐾🐾

1382

http://perso.wanadoo.fr/yves.huot-marchand/FrancheComte/recette
45.htm

>*Préparer la veille et servir bien froide.*

Tourte alsacienne 🐾🐾🐾

1383

http://www.marmiton.org/menu/b_recette.cfm?typerecherche=0&index=
8008&criteria=porc&startr=1

>*Servir accompagnée d'une salade légère.*

Tourte québécoise 🐾🐾

1384

http://www.multimania.com/cuisine/porc.htm#Tourte québécoise

>*Pour un bon repas de famille du temps des Fêtes.*

Tourte viande et fromage 🐾🐾

🖱1385

http://www.marmiton.org/menu/b_recette.cfm?typerecherche=0&index=
11165&criteria=porc&startr=1

>*Une cuisson au four pendant 40 minutes.*

Tranches de jambon au vin blanc 1386

http://www.marmiton.org/menu/b_recette.cfm?typerecherche=0&index=
8009&criteria=porc&startr=1

Économique et vite fait.

Tranches de porc cordon bleu 1387

http://www.marmiton.org/menu/b_recette.cfm?typerecherche=0&index=
8010&criteria=porc&startr=1

Pour les gens pressés.

Travers de porc à la chinoise 1388

http://www.marmiton.org/menu/b_recette.cfm?typerecherche=0&index=
8012&criteria=porc&startr=1

À griller sur le barbecue.

*Notes*_____

_____

_____

_____

_____

_____

_____

_____

_____

_____

Blanquette de veau

1389

http://www.infokiosque.com/gastronomie/les%20recettes/recettes%
20semaines/recettes%20de%20la%20semaine%202.htm

> *Assez long à préparer, mais une excellente recette pour apprêter
> le veau dans la partie la moins tendre.*

Blanquette de veau

1390

http://perso.wanadoo.fr/yves.huot-marchand/Lyonnais/recette32.htm

> *Le plat d'accompagnement classique est le riz nature.*

Blanquette de veau à l'ancienne

1391

http://pages.infinit.net/pranax/cuisine/blanquette.htm

> *Réservée au cuisinier expérimenté.*

Boulettes de veau à la hongroise

1392

http://boitearecettes.infinit.net/public/boite/via_veau/veau0055.htm

> *Le veau haché est toujours apprécié.*

Carré de veau et salade de pommes de terre

1393

http://www.construire.ch/SOMMAIRE/9720/20recett.htm

> *Il faut faire mariner la viande toute la nuit.*

Côtelettes de veau faciles

1394

http://boitearecettes.infinit.net/public/boite/via_veau/veau0061.htm

> *Des côtelettes avec du bacon, une façon originale de les mettre
> en valeur.*

Recettes de tous les jours pour la famille, faciles et rapides à faire.
Recettes de week-end, plus élaborées, quand on reçoit des amis intimes.
Recettes originales pour les grandes occasions.

Escalopes de veau à la normande 1395

http://boitearecettes.infinit.net/public/boite/via_veau/veau0103.htm

Tout repose dans le déglaçage de la poêle avec le rhum ou le calvados.

Filet mignon de veau aux perles de groseille 1396

http://www.culturekiosque.com/chef/rhfrect.htm

Les groseilles apportent à la viande un goût acidulé de très bon aloi.

Comment gérer vos recettes ? 3047

Un partagiciel qui permet de classer et d'archiver vos recettes.
http://www.ifrance.com/alexthebest/cuisine.zip

Foie à l'origan 1397

http://www.marmiton.org/menu/b_recette.cfm?typerecherche=0&index=
5698&criteria=agneau&startr=61

*Un repas économique. On peut remplacer le foie de veau par du foie
d'agneau.*

Jarret de veau au paprika 1398

http://www.revsports.com/passioncuisine/cuisine/dsp26.htm

Une préparation de 15 minutes, 1 heure de cuisson.

Longe de veau aux noix 1399

http://perso.wanadoo.fr/yves.huot-marchand/Auvergne/recette275.htm

Convient parfaitement pour un jour frisquet d'automne.

VEAU

Médaillons de veau à la Cuba 1400

http://fabien.petri.com/recettes/r_cuba.htm

Une recette qui vous vaudra un toast de la part de vos invités.

Noix de veau et compote de poireaux 1401

http://www.maggi.tm.fr/maggi3a.htm

Si vous n'avez pas de poireaux ou s'ils sont trop chers, remplacez-les par des pommes de terre sucrées.

Le veau 3048

Tout savoir sur le veau. Conseils et recettes.
http://www.lesvitelliers.fr/sommCuis.htm

Osso bucco 1402

http://www.multimania.com/zigus/recettes/veauossobuco.htm

Si vos invités ont la mauvaise habitude d'arriver en retard, ce plat est fait pour eux. Il peut passer une demi-heure de plus au four (à une température plus basse que celle de la cuisson).

Osso bucco 1403

http://antioche.lip6.fr/portier/0f22.html#Plats_Veau_Osso_bucco

Une recette pratique que l'on peut préparer d'avance.

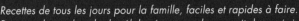
Recettes de tous les jours pour la famille, faciles et rapides à faire.
Recettes de week-end, plus élaborées, quand on reçoit des amis intimes.
Recettes originales pour les grandes occasions.

Pâté aux deux foies 1404

http://www.lodace.com/cuisine/rctcla/pate/pate2foi.htm

Doit être préparé la veille.

Piccata de veau aigre-doux 1405

http://www.multimania.com/zigus/recettes/veaupiccata.htm

Un peu compliqué, les apprentis, s'abstenir.

Poitrine de veau farcie 1406

http://perso.wanadoo.fr/yves.huot-marchand/Alsace/recette88.htm

La farce à base de champignons et de fines herbes convient parfaitement au veau.

Quasi et foie de veau braisés aux pruneaux 1407

http://www.revsports.com/passioncuisine/cuisine/p244.htm

À faire pour les grandes occasions.

Tourtière québécoise 1408

http://www.noeleternel.com/fr/recettes.html

Recette du temps des fêtes pour faire 5 tourtières.

Veau braisé à l'estragon 1409

http://www.multimania.com/zigus/recettes/veauestragon.htm

Il faut arroser de temps en temps d'eau chaude (1 ou 2 cuillerées).

VEAU

Veau en cocotte

1410

http://www.miam-miam.com/recett1/recettes/veaucoco.htm

La description de cette recette vous mettra l'eau à la bouche.

Veau en gelée

1411

http://www.marmiton.org/menu/b_recette.cfm?typerecherche=0&index=
10497&criteria=porc&startr=1

*N'oubliez pas le vin blanc. Laissez bien prendre au frais avant
d'y goûter.*

*Notes*_____

_____

_____

_____

_____

_____

_____

_____

_____

_____

_____

_____

_____

_____

Recettes de tous les jours pour la famille, faciles et rapides à faire.
Recettes de week-end, plus élaborées, quand on reçoit des amis intimes.
Recettes originales pour les grandes occasions.

Les meilleures recettes

Boulettes de viande de gibier à la tomate 1412

http://www.epicuria.fr/partenaires/or06.htm

Un mariage réussi de trois viandes: veau, porc et orignal.

Canard à la Normande 1413

http://www.le-gourmet.com/recettes7-fr.html#recette12

Servir avec des pâtes.

Canard à l'estragon 1414

http://www.multimania.com/zigus/recettes/canardestragon.htm

Une excellente façon d'apprêter le canard. Avec du vin blanc, du calvados et de la crème fraîche.

Canard flambé  1415

http://www.lodace.com/cuisine/rctcla/gibier/canflamb.htm

Délicieux ! Il doit être servi flambant.

Canard sauvage rôti aux pommes 1416

http://perso.wanadoo.fr/yves.huot-marchand/Flandre/recette384.htm

Les pommes vont merveilleusement bien avec cette viande et lui donnent ce goût particulier du temps de la chasse.

Caribou à la bière 1417

http://www.epicuria.fr/partenaires/ca01.htm

Il faut bien dégraisser et dénerver le caribou.

97

http://planete.qc.ca/recettes.htm

Chartreuse de faisan aux cèpes 🍴🍴🍴 1418

http://www.integra.fr/la-maree/r-faisan.html

> *Réserver pour les très grandes occasions.*

Cipaille 🍴🍴🍴 1419

http://gauss.math.jussieu.fr/~jas/cuisine/cuis89.html

> *Il faut commencer la veille.*

Tourtière du Lac-St-Jean 3049

Son histoire et ses secrets.
http://antioche.lip6.fr/portier/1108.html#Produits_Gibiers_Tourtire_du_Lac_St_Jean

---

Cipaille du Vieux Québec à la perdrix 🍴🍴🍴 1420

http://www.epicuria.fr/partenaires/pl04.htm

> *Une recette typiquement québécoise.*

Civet de chevreuil 🍴🍴 1421

http://www.construire.ch/SOMMAIRE/9840/40recett.htm

> *Faire mariner la viande plusieurs jours lui donne un goût agréable
> et la rend beaucoup plus tendre.*

Civet de lapin 🍴🍴 1422

http://boitearecettes.infinit.net/public/boite/via_lapin/lapin0013.htm

> *Cette recette peut satisfaire plus de dix personnes.*

Civet de lapin aux pruneaux 1423

http://www.coop.ch/f/RezeptDB/rezept.qry?function=write&record_id=
95&lang=f&firstarg=waehrschaft&magic=http://www.coop.ch/f/Rezept
DB/rezept.qry?function=FirstForm

> *On ne peut pas y échapper. Une recette classique, mais toujours délicieuse.*

Civet de lièvre 1424

http://www.lodace.com/cuisine/rctcla/gibier/civlievr.htm

> *Une recette qui demande environ 1 h 30 de cuisson.*

Civet de lièvre 1425

http://www.epicuria.fr/partenaires/gi05.htm

> *Tout le secret est dans la sauce à base de vin rouge, de carottes et d'oignons. Il faut laisser mariner pendant 24 heures.*

Faisan à la normande 1426

http://pot-pourri.fltr.ucl.ac.be/divers/recettes/fnormand.htm

> *Le faisan cuit au four pendant 30 minutes dans une cocotte, entre deux couches de pommes. Une merveille pour le palais !*

Faisan à la Vallée d'Auge 1427

http://www.le-gourmet.com/recettes7-fr.html#recette11

> *N'oubliez pas les pommes de reinette.*

GIBIER

Gigue de chevreuil marinée

http://www.lodace.com/cuisine/rctcla/gibier/gchemari.htm

La viande doit mariner 12 heures avant la cuisson.

Lapin à la marocaine

http://www.mlink.net/~lourioux/crs/index.cgi?frag=Rmaroc

On sous-estime trop, à mon avis, cette excellente viande qu'est le lapin.

Lapin à la moutarde

http://www.mlink.net/~lourioux/crs/index.cgi?frag=Rmoutarde

On peut remplacer le vin blanc par de la bière.

Lapin à la moutarde de Gaspé

http://boitearecettes.infinit.net/public/boite/via_lapin/lapin0005.htm

Le lapin et la recette viennent de la Gaspésie, mais la moutarde vient de Dijon.

Lapin à la tomate fraîche et au basilic

http://www.multimania.com/zigus/recettes/lapinbasilic.htm

Laissez mijoter pendant 1 heure à feu très doux.

Lapin au vin blanc

http://www.lodace.com/cuisine/rctcla/gibier/lapvblan.htm

Prenez le temps de bien faire mijoter la sauce. Servir très chaud.

Recettes de tous les jours pour la famille, faciles et rapides à faire.
Recettes de week-end, plus élaborées, quand on reçoit des amis intimes.
Recettes originales pour les grandes occasions.

Lapin aux olives 1434

http://www.multimania.com/zigus/recettes/lapinolive.htm

Sera aussi populaire chaud que froid.

Lapin aux pruneaux 1435

http://www.univ-lille1.fr/~eudil/lillefr/reclap.htm

Préparer la marinade la veille. Une magnifique photo accompagne la recette.

Lièvre au pommard 1436

http://perso.wanadoo.fr/yves.huot-marchand/Bourgogne/recette231.htm

La longue cuisson est le secret de cette recette.

Oie à la lorraine 1437

http://perso.wanadoo.fr/yves.huot-marchand/Lorraine/recette483.htm

L'oie est farcie de pommes de reinette.

Perdreaux à la normande 1438

http://www.multimania.com/zigus/recettes/perdreaunormande.htm

Une cuisson rapide. De 15 à 20 minutes au four.

Perdrix au chou 🍳🍳🍳 🖱1439

http://www.pleinair-quebec.com/recettes.html#perdrix

Une recette simple et facile. Le seul problème, c'est d'avoir les perdrix sous la main.

Terrine de canard 🍳🍳🍳 🖱1440

http://www.marmiton.org/menu/b_recette.cfm?typerecherche=0&index=
1507&criteria=porc&startr=41

Un bonne terrine maison, si vous êtes patient.

Terrine de canard à l'orange 🍳🍳🍳 🖱1441

http://www.marmiton.org/menu/b_recette.cfm?typerecherche=0&index=
1514&criteria=porc&startr=41

*Repas pour 8 personnes. Préparation: 30 minutes; cuisson: 2 heures.
Il est préférable de la consommer sans tarder.*

Terrine de faisan 🍳🍳🍳 🖱1442

http://www.marmiton.org/menu/b_recette.cfm?typerecherche=0&index=
3531&criteria=porc&startr=41

*Préparez-vous deux jours à l'avance. Pour 12 invités triés sur le volet
que vous voulez impressionner.*

Terrine de faisan au poivre vert 🍳🍳🍳 🖱1443

http://www.marmiton.org/menu/b_recette.cfm?typerecherche=0&index=
3533&criteria=porc&startr=21

Un dîner spécial, une grande occasion. Doit être préparée la veille.

Tourte lorraine

1444

http://perso.wanadoo.fr/brimbelles/html/page5.htm#tourte

Il faut faire mariner toute une nuit.

Tourtière de canard de l'Outaouais

1445

http://www.saveurs.sympatico.ca/ency_6/tourcana.htm

Une tourtière traditionnelle facile à faire.

*Notes*_____

ABATS

Boudin grillé

1446

http://www.le-gourmet.com/recettes4-fr.html#recette10

Se mange avec des pommes sautées.

Boudin noir à la bière

1447

http://www.rodenbach.be/freca13.htm

Prenez une bière brune de préférence.

Boudin noir à la purée de châtaignes

1448

http://www.le-gourmet.com/recettes4-fr.html#recette14

Le secret de ce plat, vous l'aurez deviné, est dans la purée de châtaignes.

Cervelle de veau au vin rouge

1449

http://boitearecettes.infinit.net/public/boite/via_veau/veau0030.htm

Une recette raffinée qui demande un peu d'attention.

Cervelles de veau en meurette

1450

http://perso.wanadoo.fr/yves.huot-marchand/Bourgogne/recette218.htm

Bien faire tremper pendant au moins une heure.

Cœur de bœuf à la dijonnaise

1451

http://perso.wanadoo.fr/yves.huot-marchand/Bourgogne/recette219.htm

Une recette traditionnelle de la région dijonnaise. Demande une longue cuisson.

Recettes de tous les jours pour la famille, faciles et rapides à faire.
Recettes de week-end, plus élaborées, quand on reçoit des amis intimes.
Recettes originales pour les grandes occasions.

Foie de veau 1452

http://perso.wanadoo.fr/yves.huot-marchand/IledeFrance/recette153.htm

La tradition veut que l'on utilise des foies de volaille sautés pour garnir les tranches de foie de veau poêlées.

Foie de veau à la lyonnaise 1453

http://www.le-gourmet.com/recettes4-fr.html#recette9

Une façon simple de présenter un bon repas de foie de veau.

Foie de veau à la milanaise 1454

http://www.multimania.com/cuisinemamananne/veau.htm#foie

Le foie de porc est aussi bon et beaucoup moins cher. Si vous pouvez en trouver qui n'est pas congelé, c'est encore mieux.

Foie de veau aux oignons et au miel 1455

http://www.revsports.com/passioncuisine/cuisine/p18.htm

Incroyable ce que le miel peut donner comme goût !

Foie de veau Bercy 1456

http://perso.wanadoo.fr/yves.huot-marchand/IledeFrance/recette152.htm

Ne pas oublier le beurre Bercy à l'échalote.

Foies de poulet au jambon 1457

http://www.lodace.com/cuisine/rcrap/foipouja.htm

Se sert très bien en hors-d'œuvre.

Foies de poulet aux champignons

 1458

http://www.lodace.com/cuisine/rcrap/foipouch.htm

> *Facile et rapide à préparer. Une entrée originale.*

Langue de bœuf à la provençale

 1459

http://www.guetali.fr/home/elebarbu/page144.html

> *J'ai appris qu'en provençal la langue de bœuf se dit: la lengo de bidou.*

Les rognons de porc à la douaisienne

 1460

http://rubis.iie.cnam.fr/~castera/gastronomie/rognons.html

> *Malheureusement, une recette en voie de disparition.*

Omelette roulée aux foies de volaille

 1461

http://www.multimania.com/zigus/recettes/abatomelette.htm

> *On peut déguster cette omelette tiède, chaude ou froide.*

Ris de veau à la normande

 1462

http://perso.wanadoo.fr/yves.huot-marchand/Normandie/recette174.htm

> *Utilisez des pommes de reinette si possible.*

Rognons au cognac

1463

http://perso.wanadoo.fr/yves.huot-marchand/Poitou/recette408.htm

> *Surveillez la cuisson, ils doivent rester légèrement saignants.*

Rognons au madère

http://www.infokiosque.com/gastronomie/les%20recettes/recettes%
20semaines/recettes%20de%20la%20semaine%206.htm

> *Une fois n'est pas coutume, vous devez ouvrir une bonne bouteille de
> vin rouge.*

Rognons au whisky

http://perso.wanadoo.fr/fr.olin/rognons.htm

> *Attention, ne pas trop faire cuire les rognons. Trop cuits, ils deviennent
> durs.*

Rognons blancs poêlés

http://www.marmiton.org/menu/b_recette.cfm?typerecherche=0&index=
5786&criteria=agneau&startr=21

> *Les rognons d'agneau peuvent très bien être remplacés par des rognons
> de veau.*

Rognons de veau

http://www.dtr.fr/homepage/jmillet/pagebern.html#rognonveau

> *N'oubliez pas de les blanchir.*

Rognons de veau

http://www.sje.qc.ca/recettes/veau.htm#rognons

> *Un reste de vin rouge peut très bien remplacer le sherry.*

ABATS

Rognons de veau à la moutarde 👨‍🍳

1469

http://perso.wanadoo.fr/yves.huot-marchand/Bourgogne/recette214.htm

Une autre excellente façon de cuisiner les rognons.

Sauté de rognons de veau à l'indienne 👨‍🍳

1470

http://www.tf1.fr/emissions/cuisinez/a/recettesa.htm#LES ROGNONS FREDY

Une recette d'un grand chef très facile à faire.

Terrine de foies de volaille au porto 👨‍🍳👨‍🍳

1471

http://www.revsports.com/passioncuisine/cuisine/e234.htm

Mettre au frais et ne consommer que le lendemain.

Tripes au vin blanc 👨‍🍳👨‍🍳

1472

http://perso.wanadoo.fr/yves.huot-marchand/Alsace/recette89.htm

Une recette qui, nous dit-on, remonterait au Moyen Âge.

Notes _____
_____
_____
_____
_____
_____
_____
_____

LES
PÂTES

Cannelloni au four

1473

http://www.arts-culinaires.com/cuisine/grd_classiques/cannelloni_four1.asp

> *Un excellent plat qui se prépare à l'avance.*

Fettucine aux moules fraîches

1474

http://www.geocities.com/Yosemite/9758/mou102f.htm

> *On ne se trompe jamais avec cette recette.*

Fettucini Alfredo

1475

http://www.saveurs.sympatico.ca/ency_5/italie/5parfetu.htm

> *Une recette classique de la cuisine italienne.*

Lasagne au poulet

1476

http://gauss.math.jussieu.fr/~jas/cuisine/cuis120.html

> *On suggère de prendre de la sauce à la viande.*

Manger sainement 3050

Des conseils et des recettes donnés par des diététistes renommés.
http://www.dietitians.ca/eatwell/francais/

Lasagne au tofu   1477

http://www.soy.tm.fr/recet/Tofou302.htm

> *Plusieurs seront agréablement surpris par cette recette.*

Linguine aux crevettes et aux olives 1478

http://www.geocities.com/Yosemite/9758/cre_f02.htm

> *Certains préfèrent les cheveux d'ange aux linguine.*

Macaroni au basilic 1479

http://www.revsports.com/passioncuisine/express/ep76.htm

> *Un délice à peu de frais.*

Manicotti au fromage ... 1480

http://6bears.com/Manicotti.html

> *Genre de petites crêpes farcies au fromage dans une sauce tomate.*

Nouilles au gruyère 1481

http://perso.club-internet.fr/stdelep/nouilles.html

> *Un repas facile à préparer que l'on peut accompagner d'une salade
> verte.*

Recettes de tous les jours pour la famille, faciles et rapides à faire.
Recettes de week-end, plus élaborées, quand on reçoit des amis intimes.
Recettes originales pour les grandes occasions.

Nouilles et riz pilaf 1482

http://boitearecettes.infinit.net/public/boite/riz/riz0069.htm

Une recette où, exceptionnellement, les nouilles et le riz font bon ménage.

Pâtes au saumon fumé 1483

http://www.geocities.com/Yosemite/9758/sauf03.htm

Pour dépanner à la dernière minute.

Pâtes express 1484

http://www.saveurs.sympatico.ca/ency_8/pate/patxpres.htm

On nous offre à cette adresse des recettes de pâtes express. Il y en a pour tous les goûts.

Pâtes fraîches à la rouille et aux fruits de mer 1485

http://www.fme.asso.fr/mets/recetf.html

Faites votre rouille vous-mêmes.

Penne à la carbonara 1486

http://antioche.lip6.fr/portier/0f1a.html#Plats_Pâtes_Penne_à_la_
carbonara

Ne faites pas trop cuire les penne.

Pizza au salami et aux moules 1487

http://www.geocities.com/Yosemite/9758/mou107f.htm

Une façon originale de servir une pizza.

PÂTES

Pizza baguette à la raclette

1488

http://www.coop.ch/f/RezeptDB/rezept.qry?function=write&record_id=
32937&lang=f&firstarg=waehrschaft&magic=none

Se prépare en un clin d'œil.

Ravioli de crevettes à la vapeur

1489

http://www.geocities.com/Yosemite/9758/cre_f33.htm

Les raviolis « maison » ont bien meilleur goût.

Les étiquettes des emballages 3051

Site de Santé Canada ou l'on explique les données qui figurent sur les étiquettes.
http://www.hc-sc.gc.ca/hppb/la-nutrition/pubf/etiquettes/default_f.htm

---

Spaghetti à la Carbonara

1490

http://perso.wanadoo.fr/mmg/divers/spaghettis_carbonaras.htm

Ce plat est toujours apprécié.

Spaghetti à la Carbonara

1491

http://www.ducros.fr/FRPGPROM/FRCUISIN/PGFRPARI/PGFRSPCA/
pgfrspca.HTM

Soyez généreux avec le bacon, c'est ce qui donne le véritable goût.

Spaghetti à la façon pêcheur 1492

http://www.geocities.com/Yosemite/9758/cre_f138.htm

Vous pouvez choisir des fruits de mer que vous trouvez facilement. Ne pas laisser trop cuire la sauce.

Spaghetti aux crevettes 1493

http://www.multimania.com/demey/cuisine/Spagetti_aux_crevettes.htm

Ça change du traditionnel spaghetti à la sauce tomate.

Spaghetti aux endives 1494

http://www.coop.ch/f/RezeptDB/rezept.qry?function=write&record_id=
33124&lang=f&firstarg=vegetarisch&magic=none

Vous pouvez remplacer le ricotta par tout autre fromage frais.

Spaghetti aux fruits de mer 1495

http://www.geocities.com/Yosemite/9758/cre_f31.htm

Si vous avez le choix, utilisez du parmesan râpé.

Toque Blanche 3052

Un logiciel pour vous aider à classer vos recettes. Il contient aussi plus de 200 recettes, 563 vins et 11 menus.
http://perso.wanadoo.fr/bernard.pasquier/toqueb.htm

Tortellini à la crème

1496

http://www.ifrance.com/jongwel/415.html

> *Au lieu du parmesan, servez du gruyère râpé pour faire changement.*

Tagliatelle à la sauge et aux deux saumons

1497

http://www.geocities.com/Yosemite/9758/sau099.htm

> *Utilisez du vrai parmesan.*

Tagliatelle aux crevettes

1498

http://www.geocities.com/Yosemite/9758/cre_f82.htm

> *Gardez de belles crevettes pour décorer les assiettes.*

Tagliatelle aux crevettes

1499

http://www.geocities.com/Yosemite/9758/cre_f113.htm

> *Vous pouvez sans problème diviser les ingrédients par deux.*

Tagliatelle fraîches

1500

http://saveurs.sympatico.ca/ency_8/pate/8patagli.htm

> *Les pâtes fraîches… un délice !*

Notes _____

_____

_____

_____

Recettes de tous les jours pour la famille, faciles et rapides à faire.
Recettes de week-end, plus élaborées, quand on reçoit des amis intimes.
Recettes originales pour les grandes occasions.

Boulettes de riz farcies à la mozzarella 1501

http://home.tvd.be/sf15456/Irecette31.htm

> *Un repas consistant. La photo qui accompagne la recette vaut mille mots.*

Casserole de riz au jambon 1502

http://boitearecettes.infinit.net/public/boite/riz/riz0052.htm

> *On peut remplacer le jambon par des saucisses de porc ou de bœuf.*

Paella valencienne 1503

http://www.geocities.com/Yosemite/9758/mou115f.htm

> *Un régal toujours apprécié par vos invités.*

Indice de masse corporel 3053

Une mesure de la relation entre le poids et la santé des adultes de 20 à 65 ans.

http://www.hc-sc.gc.ca/hppb/la-nutrition/BmiCalculatorApplet/index.htm

RIZ

Additifs alimentaires 3054

Recension et appréciation.
http://www.tsr.srg-ssr.ch/abe/archive/98/980505b.html

Riz à la dinde 1504

http://boitearecettes.infinit.net/public/boite/riz/riz0058.htm

Une excellente façon d'accommoder les restes.

Riz à l'ananas – Khao phad sapparod 1505

http://www.saveurs.sympatico.ca/ency_4/ananas/rizthai.htm

Un plat thaïlandais très décoratif.

Riz aux crevettes 1506

http://www.geocities.com/Yosemite/9758/cre_f21.htm

Attention ! ne pas trop faire cuire le riz.

Les huiles 3055

Site d'une huilerie française où sont présentées des méthodes de
fabrication et des recettes.
http://www.huileries-croixverte.fr/

Riz aux crevettes au curry

1507

http://www.geocities.com/Yosemite/9758/cre_f13.htm

Pas trop de curry, à moins d'être un amateur. Mais c'est excellent.

Riz brésilien

1508

http://boitearecettes.infinit.net/public/boite/riz/riz0024.htm

Facile, rapide, savoureux.

Le safran 3056

L'origine et l'histoire d'une plante que l'on surnomme « l'or rouge ».
http://www.resus.univ-mrs.fr/~druuna

Riz cantonnais

1509

http://www.multimania.com/astrotop/poche79.html

Peut se conserver une semaine au réfrigérateur et se congèle très bien.

Riz cantonnais

1510

http://altern.org/mcbesse/rizcanton.htm

Se prépare en 20 minutes.

Riz frit cantonnais

1511

http://www.chen.qc.ca/Riz%20frit%20cantonnais.htm

Vous avez le choix entre le porc, le poulet ou le jambon cuit.

Le diabète 3057

Des conseils et des recettes de l'Institut Servier.
http://www.cercledesdiabetologues.com/patients.htm

Riz frit cantonnais 1512

http://www.saveurs.sympatico.ca/ency_8/riz/canton.htm

Une recette traditionnelle chinoise.

Riz indonésien 1513

http://www.marmiton.org/menu/b_recette.cfm?typerecherche=0&index=
8873&criteria=agneau&startr=21

Pour accompagner un plat d'agneau.

Riz pilaf 1514

http://www.saveurs.sympatico.ca/ency_8/riz/pilaf.htm

Recette de base et des variantes.

*Notes*_____

_____

_____

_____

_____

_____

Recettes de tous les jours pour la famille, faciles et rapides à faire.
Recettes de week-end, plus élaborées, quand on reçoit des amis intimes.
Recettes originales pour les grandes occasions.

Asperges à la flamande 1515

http://perso.wanadoo.fr/yves.huot-marchand/Flandre/recette365.htm

Une autre façon de manger cet excellent légume.

Asperges vertes et asperges blanches aux 4 sauces 1516

http://www.coop.ch/f/RezeptDB/rezept.qry?function=write&record_id= 33021&lang=f&firstarg=vegetarisch&magic=none

Curieusement, on n'y retrouve qu'une seule recette de sauce. Celle, au demeurant délicieuse, au yaourt et aux graines de courge.

Aubergine au parmesan 1517

http://www.cipaf.fr/recettes/aubergr.htm

L'aubergine cuite en vapeur ou dans un plat cuisiné donne de la couleur à votre table et ajoute une sensibilité, un petit quelque chose qui mène au plaisir du palais.

Aubergines farcies 1518

http://antioche.lip6.fr/portier/0c01.html#Légumes_Aubergines_ Abergines_farcies

Les aubergines, normalement, sont à bon prix.

LÉGUMES

Avocats à la parisienne

1519

http://www.geocities.com/Yosemite/9758/sauf28.htm

> *Si c'est pour un souper d'apparat, achetez un ou deux avocats de plus au cas où vous auriez de petits problèmes à enlever la pulpe de l'un d'entre eux.*

Burgers aux petits légumes

1520

http://www.canadaegg.ca/francais/recipes/brknbrnch1.html#b6

> *La mayonnaise aux fines herbes décrite ici est extraordinaire.*

La cuisine de l'Inde 3058

Les rites et les traditions d'une cuisine riche en épices.
http://www.culturekiosque.com/chef/indien/repas.htm

Carottes aux raisins secs

1521

http://home.tvd.be/sf15456/Frecette73.htm

> *En 20 minutes et le tour est joué.*

Chou-fleur au gratin

1522

http://www.captage.com/saysibon/fr/174.htm

> *C'est le parmesan qui donne la touche finale à ce plat.*

Recettes de tous les jours pour la famille, faciles et rapides à faire.
Recettes de week-end, plus élaborées, quand on reçoit des amis intimes.
Recettes originales pour les grandes occasions.

LÉGUMES

Courgettes et basilic sautés avec pâtes

1523

http://www.vegetablepatch.net/fr/cgi-bin/recettes/principal/plats
principaux/4.html

> *L'auteur nous fait remarquer que les courgettes froncent quand elles
> sont râpées et salées.*

Endives au jambon

1524

http://www.sje.qc.ca/recettes/entrées.htm#endives

> *Excellente recette pour accommoder des restes de jambon.*

Endives au jambon

1525

http://perso.wanadoo.fr/mmg/divers/endives_jambon.htm

> *Un heureux mariage entre l'endive et le jambon.*

Endives en gratin

1526

http://www.multimania.com/botzaris/recfraflam-plats.htm#endivgratin

> *Si vous avez des petites endives, servez en entrée.*

Feuilleté d'asperges

1527

http://perso.wanadoo.fr/cuisine.vegetarienne/html/baseresitance_1.html

> *La préparation est un peu longue. Elle peut cependant se faire la veille.*

Heinz　3059

Des articles, des conseils, des commentaires sur la nutrition des bébés.
http://www.heinzbaby.com/francais/

Galettes de pommes de terre 1528

http://perso.wanadoo.fr/yves.huot-marchand/Alsace/recette92.htm

Servez ces petits gâteaux croustillants et très chauds.

Gratin dauphinois de Grand-Mère 1529

http://homepages.which.net/~dunino/virtualfarm/copycuisine.htm#
Recette 4:

Une autre excellente façon de manger les pommes de terre.

Gratin de blettes au millet 1530

http://www.biofood.com/french/Expert/recette.html#Gratin de blettes
au millet

Une bonne recette pour ceux qui aiment les plats à base de céréales.

Gratin de poireaux 1531

http://www.santepub-mtl.qc.ca/Nutrition/menusante/entr25.html

Une recette simple à faire et délicieuse.

Gratin de pommes de terre aux épinards et à la feta 1532

http://www.coop.ch/f/RezeptDB/rezept.qry?function=write&record_id=
33033&lang=f&firstarg=vegetarisch&magic=none

*Pour les amateurs de cuisine végétarienne. Demande environ une
heure de préparation et une heure de cuisson, mais on peut le préparer
à l'avance.*

Diététique et nutrition 3060

Tout sur les régimes alimentaires en 75 questions.
http://www.coolnet.net/nutrition/indexfrench.html

Grillades de légumes   1533

http://www.maxigb.be/cgi-bin/gbrecette.pl?lang=fr&ref=264

> *Une façon originale de manger plusieurs légumes dans un même repas.*

Hachis parmentier 1534

http://www.captage.com/saysibon/fr/105.htm

> *Une variante des mille et une recettes de hachis. Celle-ci est à base
> de purée de pommes de terre et de restes de viande.*

Haricots verts au sésame 1535

http://www.saveurs.sympatico.ca/ency_2/sesame/haricot.htm

> *Une recette japonaise.*

Haricots verts aux herbes et à l'ail   1536

http://www.angelfire.com/pq/corneliaskitchen/legumes.html#legume11

> *Une recette pour les gens pressés.*

Haricots verts aux oignons   1537

http://perso.wanadoo.fr/yves.huot-marchand/Lyonnais/recette38.htm

> *Le vinaigre, adouci par les oignons, rehausse le goût des haricots.*

LÉGUMES

La Poutine 3061

Toute la vérité sur son histoire…
http://www.geocities.com/NapaValley/2111/Historique_de_la_poutine.html

---

Mousse d'artichaut au saumon fumé 1538

http://www.saveurs.sympatico.ca/ency_3/artichau/mousse.htm

> *Un excellent hors-d'œuvre. Réfrigérer au moins 2 heures avant de servir.*

Mousse de légumes 1539

http://www.meilleurduchef.com/chef/rec_ill/legumes/mousse_legumes/
mousse_legumes_.html

> *Elle est faite avec des carottes. Mais on peut prendre le légume de son choix.*

Pâté aux pommes de terre 1540

http://perso.wanadoo.fr/fr.olin/patpdt.htm

> *Un pâté qui prend 1 heure de cuisson. L'essayer, c'est l'adopter, nous dit l'auteur.*

Petits pois à la nantaise 1541

http://perso.wanadoo.fr/yves.huot-marchand/Bretagne/recette72.htm

> *Il faut des petits pois frais. Après les avoir écossés, l'auteur conseille de ne pas les laver et de les utiliser immédiatement.*

Recettes de tous les jours pour la famille, faciles et rapides à faire.
Recettes de week-end, plus élaborées, quand on reçoit des amis intimes.
Recettes originales pour les grandes occasions.

Pommes de terre chaudes aux anchois

1542

http://www.vanelli.com/recette5.phtml?fr

> *Vous ne reconnaîtrez plus les pommes de terre.*

Pommes de terre compotées aux pruneaux

1543

http://perso.wanadoo.fr/pruneau/page9.htm

> *Un original et subtil mélange de salé et de sucré.*

Pommes de terre farcies en papillotes

1544

http://www.eurogastronomy.com/fr/1/bonmar.htm#02

> *Une façon originale de présenter les pommes de terre.*

Il y a poutine et poutine râpée... 3062

Un article sur la question.
http://planete.qc.ca/alimentation/gerard/ali09.htm

Pommes de terre Neufchâtel

1545

http://perso.wanadoo.fr/yves.huot-marchand/Normandie/recette180.htm

> *Elles peuvent accompagner plusieurs plats.*

Pommes de terres sautées à la lyonnaise

1546

http://perso.club-internet.fr/stdelep/pdtlyonnaise.html

> *Se sert très bien au petit déjeuner du dimanche.*

LÉGUMES

Purée Cendrillon 1547

http://www.marmiton.org/menu/b_recette.cfm?typerecherche=0&index=8046&criteria=potiron&startr=21

Une délicieuse façon de manger les citrouilles du jardin.

Purée de carottes 1548

http://www.multimania.com/zigus/recettes/legpurcarotte.htm

Servez très chaud.

Quiche aux asperges  1549

http://www.marche-fraicheur.ch/rezepfm/fmrezfm.htm#asperges

Pour être certain de satisfaire tous les invités.

Ratatouille 1550

http://perso.wanadoo.fr/yves.huot-marchand/Provence/recette305.htm

L'auteur nous apprend que la ratatouille, autrefois, portait le joli nom de bohémienne.

Ratatouille provençale 1551

http://www.khryss.com/khryss/recettes/ratatouf.htm

La ratatouille froide peut aussi servir de trempette pour des tortillas. Ajoutez-y quelques gouttes de Tabasco.

Recettes de tous les jours pour la famille, faciles et rapides à faire.
Recettes de week-end, plus élaborées, quand on reçoit des amis intimes.
Recettes originales pour les grandes occasions.

La pomme de terre 3063

Description et classification de différentes sortes de pommes de terre.
http://www.geocities.com/SoHo/Studios/6189/recette/recettevc.htm

Soufflé de potiron (citrouille) 1552

http://www.marmiton.org/menu/b_recette.cfm?typerecherche=0&index=
8051&criteria=porc&startr=61

> *Il peut être servi soit en entrée, soit en plat d'accompagnement avec une
> viande blanche (poulet, porc ou rôti de veau). Servez immédiatement,
> un soufflé n'attend pas.*

Taboulé 1553

http://perso.club-internet.fr/stdelep/taboule.html

> *Il vaut mieux le préparer d'avance et le laisser reposer au
> réfrigérateur.*

Tarte à l'oignon 1554

http://www.geocities.com/Yosemite/9758/sauf50.htm

> *La recette demande du saumon, mais on peut opter pour du goberge,
> des sardines ou des anchois.*

Tartiflette 1555

http://perso.wanadoo.fr/herve.leduc/p3.htm

> *Le reblochon peut être remplacé par du oka.*

LÉGUMES

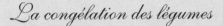

La congélation des légumes 3064

Tout sur la question.
http://www.cpma.ca/french/freezvf.htm

Tomates au gril 1556

http://www.captage.com/saysibon/fr/185.htm

On peut faire la même recette avec des courgettes ou des aubergines.

Tomates aux œufs et aux anchois 1557

http://www.vanelli.com/recette2.phtml?fr

Facile à faire et agréable à servir.

Tomates farcies 1558

http://www.marmiton.org/menu/b_recette.cfm?typerecherche=0&index=
9953&criteria=porc&startr=21

*Fait à partir de restes de viande ou de chair à saucisse, d'œufs durs
écrasés et de riz. Il existe plusieurs variantes.*

Tomates farcies 1559

http://www.lodace.com/cuisine/rctcla/legume/tomafarc.htm

Peut être servi en entrée ou comme plat principal.

Recettes de tous les jours pour la famille, faciles et rapides à faire.
Recettes de week-end, plus élaborées, quand on reçoit des amis intimes.
Recettes originales pour les grandes occasions.

Tomates farcies   1560

http://www.multimania.com/cuisinemamananne/tomates-farcies.htm

Essayez avec des tomates jaunes.

Tomates, épinards et ricotta au gratin 1561

http://members.xoom.com/gourmands/recettes/plats_principaux/veggie/
c.htm

Un plat végétarien intéressant et peu coûteux.

Notes _____

_____

_____

_____

_____

_____

_____

_____

_____

_____

_____

_____

_____

_____

_____

_____

_____

_____

Asperges aux œufs

1562

http://home.tvd.be/sf15456/Irecette10.htm

Vite fait mais toujours savoureux.

Flamusse aux pommes

1563

http://www.le-gourmet.com/recettes3-fr.html#recette3

C'est une omelette aux pommes reinette. Délicieux !

Frittata parmentier

1564

http://www.canadaegg.ca/francais/recipes/brknbrnch1.html#b8

Pour un repas complet, servir avec un petit pain croûté et du yogourt glacé aux fruits.

Muffins anglais radiœufs

1565

http://www.canadaegg.ca/francais/recipes/brknbrnch1.html#b5

Pour varier, ajoutez du fromage parmesan râpé.

Œufs dans le sirop d'érable

http://www.geocities.com/Paris/2755/oeuf1.html

Une recette typiquement québécoise.

Œufs mimosa à la provençale

http://www.le-gourmet.com/recettes5-fr.html#recette6

Des œufs durs farcis aux olives, thon et anchois.

Œufs à la bénédictine

http://www.canadaegg.ca/francais/recipes/spring.html#bene

On suggère des muffins anglais, essayez des bagels.

Œufs à la flamande

http://www.geocities.com/Yosemite/9758/cre_f133.htm

Une suggestion pour le brunch du dimanche.

Œufs à la neige

http://perso.wanadoo.fr/yves.huot-marchand/Savoie/recette337.htm

Un dessert facile à faire.

Le sirop d'érable 3065

Site des producteurs acéricoles du Québec.
http://maple-erable.qc.ca/f_sirop.html

Œufs brouillés aux moules

 1571

http://www.geocities.com/Yosemite/9758/mou114f.htm

> *Excellent sur des toasts.*

Œufs brouillés minute

 1572

http://www.canadaegg.ca/francais/recipes/brknbrnch1.html#b2

> *Soit à la poêle, soit au micro-onde.*

Œufs durs à la dijonnaise

 1573

http://perso.wanadoo.fr/yves.huot-marchand/Bourgogne/recette194.htm

> *Des œufs farcis à la moutarde, de Dijon comme il se doit. Se prépare en moins de 15 minutes.*

Œufs farcis à la chair de crabe

 1574

http://www.canadaegg.ca/francais/recipes/brknbrnch2.html#b1

> *Se conserve au réfrigérateur 3 jours. Si vous préférez le thon ou le saumon, allez-y.*

Œufs farcis au fromage

 1575

http://www.cercledesdiabetologues.com/oeuffarc.htm

> *Vous pouvez remplacer le roquefort par du bleu.*

Œufs farcis au saumon

http://www.geocities.com/Yosemite/9758/sauf48.htm

> *Une entrée vite faite et merveilleuse.*

1576

Tout sur le lait 3066

Un site interactif de la Fédération des producteurs de lait du Québec.
http://www.lait.org/

Œufs mimosa 1577

http://perso.wanadoo.fr/yves.huot-marchand/IledeFrance/recette134.htm

Une variante de l'œuf dur mayonnaise.

Œufs misquette 1578

http://perso.wanadoo.fr/yves.huot-marchand/Lorraine/recette474.htm

C'est une salade de pommes de terre aux œufs. L'auteur nous conseille de remplacer le vinaigre par du vin blanc.

Œufs pochés à la Prima Vera   1579

http://www.canadaegg.ca/francais/recipes/spring.html#prima

Prévoyez un peu de temps pour la préparation.

Omelette à la lyonnaise 1580

http://www.le-gourmet.com/recettes4-fr.html#recette13

Aux oignons.

Omelette arlésienne

1581

http://www.le-gourmet.com/recettes1-fr.html#recette1

Avec des tomates et des aubergines.

Omelette au fromage

1582

http://www.saveurs.sympatico.ca/ency_5/oeufs/fromage.htm

Voici la recette exacte que l'on servait à l'hôtel Windsor à Montréal en 1877.

Omelette au vin blanc

1583

http://www.lodace.com/cuisine/rctcla/oeuf/omeletvb.htm

Pour bien partir une journée de vacance.

Omelette paysanne

1584

http://perso.wanadoo.fr/yves.huot-marchand/Bourgogne/recette200.htm

Se sert très bien avec du jambon et une salade verte.

Pain doré... pain perdu

1585

http://www.saveurs.sympatico.ca/ency_11/divers/paindore.htm

Idéalement, on utilise du pain de campagne bien épais.

Piperade au jambon de Bayonne

1586

http://www.le-gourmet.com/recettes6-fr.html#recette6

Une omelette avec du jambon et un assortiment de légumes.

Quiche lorraine

http://www.le-gourmet.com/recettes2-fr.html#recette6

1587

> *Une recette qui trouve toujours des preneurs.*

Rotini aux œufs brouillés

http://www.canadaegg.ca/francais/recipes/brknbrnch1.html#b7

1588

> *Vous ajoutez vos légumes préférés.*

Rouleaux au jambon cocorico

http://www.canadaegg.ca/francais/recipes/brknbrnch2.html#b3

1589

> *Un petit truc : attacher les rouleaux avec les tiges vertes des oignons.*

*Notes*_____

Beignets au fromage 1590

http://www.coop.ch/f/RezeptDB/rezept.qry?function=write&record_id=
33111&lang=f&firstarg=&magic=none

Une spécialité valaisanne. Ces beignets feront merveille à l'apéritif.

Camembert farci 1591

http://members.xoom.com/gourmands/recettes/plats_principaux/
fromages/e.htm

Une autre façon de satisfaire les mordus du fromage.

Fondue au fromage et aux légumes 1592

http://www.coop.ch/f/RezeptDB/rezept.qry?function=write&record_id=
101&lang=f&firstarg=waehrschaft&magic=none

Excellent après une longue promenade dans la neige.

L'encyclopédie de fromages 3067

Tout savoir sur les fromages.
http://www.fromages.com/fra/encyclo.htm

Recettes de tous les jours pour la famille, faciles et rapides à faire.
Recettes de week-end, plus élaborées, quand on reçoit des amis intimes.
Recettes originales pour les grandes occasions.

Gastronomie en Haute-Savoie 3068

Fondues, raclettes et d'autres spécialités.
http://www.cur-archamps.fr/HauteSavoie/Topics/Gastronomy.F.html

Fondue au parmesan 1593

http://www.saveurs.sympatico.ca/ency_5/italie/5parfond.htm

Utilisez du Parmigiano Reggiano.

Fondue savoyarde 1594

http://perso.wanadoo.fr/yves.huot-marchand/Savoie/recette319.htm

Choisir des fromages à pâte cuite et bien fruitée.

Fondue savoyarde 1595

http://www.le-gourmet.com/recettes4-fr.html#recette4

Une fondue merveilleuse à partager entre amis.

Le Camembert 3069

D'après la légende, c'est une habitante de Camembert, une certaine
Marie Harel, qui a inventé le fameux fromage. Elle aurait reçu d'un
prêtre le « secret » de sa fabrication.
http://www.camembert-france.com/histcf.html

> *Les fromages de France* 3070
>
> Tous les fromages de France répertoriés par régions.
> http://www.flaneurvert.com/Cuisine/fromage.htm

La Patranque

1596

http://www.le-gourmet.com/recettes8-fr.html#La Patranque

Sur un feu vraiment modéré.

La vraie fondue suisse

1597

http://www.saveurs.sympatico.ca/ency_5/suisse/fondue.htm

Avec plusieurs suggestions de fromages.

Poutine

1598

http://www.flaneurvert.com/Cuisine/unique.htm#Poutine

Un plat très populaire. Personnellement, j'en ai horreur. Mais il faut l'essayer au moins une fois pour en parler… en mal ou en bien.

> *Les fromages* 3071
>
> La différence entre les pâtes persillées, les pâtes molles et les pâtes pressées non cuites.
> http://www.net-on-line.net/forez_fourme/autres_fromages.htm

Recettes de tous les jours pour la famille, faciles et rapides à faire.
Recettes de week-end, plus élaborées, quand on reçoit des amis intimes.
Recettes originales pour les grandes occasions.

Une glace au camenbert 🖱3072

Des goûts curieux à découvrir.
http://www.cantoche.com/maurice

Soufflé au fromage 🖱1599

http://antioche.lip6.fr/portier/0611.html#Entrées_Soufflés_Soufflé_au_
fromage__1_

Demande un certain talent culinaire.

Soufflé au fromage 👨‍🍳 🖱1600

http://perso.wanadoo.fr/yves.huot-marchand/Bourgogne/recette199.htm

Attention, ne pas ouvrir la porte du four pendant la cuisson.

Soufflé au fromage du chef 👨‍🍳👨‍🍳 🖱1601

http://www.philagora.net/cuisine/plats.htm

Cette recette demande un peu de doigté.

Tarte au camembert 🖱1602

http://perso.wanadoo.fr/thierry.mazure/PlatsdegroupeRecettes.htm#
Tarte au camembert

Tout simplement un délice.

*Notes*_____

_____

LES SAUCES

Coulis de tomates

 1603

http://perso.wanadoo.fr/yves.huot-marchand/Sauces/recette301.htm

Ce coulis se sert chaud ou froid.

Court-bouillon de poisson

 1604

http://www.captage.com/saysibon/fr/191.htm

Utile dans bien des recettes.

Pesto

1605

http://pubinfonet.qc.ca/Lorraine/RECETTE.HTM#PESTO

Une vraie et bonne recette de pesto.

Sauce à l'oseille

1606

http://pages.infinit.net/pranax/cuisine/sauceoseille.htm

Pour accompagner du poisson. On ne peut pas s'en passer avec l'alose. Je l'ai déjà servie avec du canard et c'était excellent. On peut remplacer le vinaigre par du citron.

Alliance-Soft 3073

Un logiciel pour les professionnels des métiers de bouches.
http://www.alliance-soft.com

Sauce à l'oseille du Grand Maître Freddy Girardet   1607

http://www.flynet.com/cuisine/sauces.htm#Sauce à l'Oseille

Une recette facile et rapide.

Sauce à la menthe   1608

http://www.marmiton.org/menu/b_recette.cfm?typerecherche=0&index=
9384&criteria=agneau&startr=21

Excellente avec de l'agneau froid ou chaud.

Sauce à la menthe   1609

http://www.miam-miam.com/recett1/recettes/saument.htm

Tellement meilleure que celle achetée !

Sauce à la menthe et aux œufs 1610

http://www.marmiton.org/menu/b_recette.cfm?typerecherche=0&index=
9385&criteria=agneau&startr=21

Se garde au réfrigérateur pour servir plus tard.

Sauce à lasagne 1611

http://www.ihcn.qc.ca/jojo/saucelasa.htm

Laissez cuire la sauce pendant au moins deux heures.

Sauce à la viande (spaghetti) 1612

http://www.geocities.com/Heartland/Acres/8914/pates.html#sauce

> *Nous utilisons tous à peu près les mêmes ingrédients, mais,*
> *curieusement, aucune sauce à la viande ne goûte la même chose.*

Sauce à spaghetti bolonaise de tante Yvette 1613

http://www.marmiton.org/menu/b_recette.cfm?typerecherche=0&index=
6630&criteria=porc&startr=81

> *Peut facilement se conserver au congélateur.*

Les produits Maille 3074

« Le public est prévenu que Maille possède les secrets pour la
distillation des vinaigres et la fabrication des moutardes », proclame un
parchemin daté de 1747, conservé aux Archives Nationales de
France. Peu d'entreprises alimentaires ont plus de 250 ans
d'existence.
http://www.maille.com/savoir_faire/

Sauce au saumon de Mersey Point 1614

http://www.geocities.com/Yosemite/9758/sau119.htm

> *Servir comme trempette ou sur des fettucini.*

Sauce béarnaise 1615

http://www.marmiton.org/menu/b_recette.cfm?typerecherche=0&index=
9243&criteria=agneau&startr=21

> *Demande du doigté, mais délicieuse.*

Sauce crevette

http://www.multimania.com/vbrault/Mamie/Mamie_1Page221.html

Peut être servie sur un vol au vent.

Sauce hollandaise

http://perso.wanadoo.fr/yves.huot-marchand/Sauces/recette228.htm

Exquise avec les légumes et les poissons pochés.

Sauce piquante pour du porc

http://www.marmiton.org/menu/b_recette.cfm?typerecherche=0&index=
9312&criteria=porc&startr=81

Pour les grillades de porc, les pieds de porc, les côtes de porc, etc.

Sauce pour rouleaux impériaux

http://www.chen.qc.ca/Sauce%20rouleaux%20imperiaux.htm

Je remplace le vinaigre par du citron. La sauce nuoc-mâm se vend dans les boutiques spécialisées.

Les sauces

Tout sur la composition et l'utilisation des sauces pour viandes et poissons.
http://www.abadac.com/ledo7_fr.htm

Manuel du cuisinier et de la cuisinière à l'usage de la ville et de la campagne 3076

Un ouvrage édité en 1829.
http://users.skynet.be/mbero/cuisine_1829/cuisina4.htm#_VPINDEXENTRY_50

Sauce rouennaise

 1620

http://perso.wanadoo.fr/yves.huot-marchand/Sauces/recette260.htm

Une sauce cinq étoiles.

Sauce tomate aux lardons

 1621

http://perso.wanadoo.fr/yves.huot-marchand/Sauces/recette357.htm

Une excellente sauce.

Sauce tomate avec des tomates fraîches

1622

http://www.infokiosque.com/gastronomie/les%20recettes/recettes%20glanées/sauces/sauces_tomates.htm

Utilisez des tomates italiennes de préférence.

Sauce tomate crue

1623

http://www.coop.ch/f/RezeptDB/rezept.qry?function=write&record_id=33183&lang=f&firstarg=vegetarisch&magic=none

Une bonne sauce à faire en saison.

Recettes de tous les jours pour la famille, faciles et rapides à faire.
Recettes de week-end, plus élaborées, quand on reçoit des amis intimes.
Recettes originales pour les grandes occasions.

Bagels

1624

http://www.robinhood.ca/bread/recipes/scratch/bagelsf.html

Pour faire le bonheur des vrais amateurs.

Brioches à la cannelle

1625

http://www.robinhood.ca/bread/recipes/machine/rollsf.html

Laissez voguer votre imagination, les possibilités sont infinies.

Brioches au caramel

1626

http://mlink.net/~brit/dessert/ress001.htm

Facile de doubler la recette.

Brioches préparées à l'avance

1627

http://www.robinhood.ca/BakingFestival/recipes/masbf.htm

Pratique pour un brunch.

PAINS, MUFFINS, BRIOCHES

Muffin au kéfir et bananes

1628

http://www.liberte.qc.ca/recette.htm#kmuffin

> *Excellent comme collation. Vous trouverez aussi à cette adresse de précieux conseils sur les produits biologiques.*

Muffins : sucrés ou salés

1629

http://www.construire.ch/SOMMAIRE/9802/02recett.htm

> *On peut les servir au petit déjeuner.*

Pain à 100 % de blé entier

1630

http://www.robinhood.ca/bread/recipes/scratch/wheatf.html

> *Pour ceux qui font du pain pour la première fois.*

Pain au four

1631

http://www.robinhood.ca/bread/recipes/scratch/basicf.html

> *Du bon pain maison, quoi de meilleur ?*

Pain au fromage et à l'oignon

1632

http://www.robinhood.ca/bread/recipes/machine/cheesef.html

> *Se fait avec des flocons d'oignon déshydratés.*

Pain aux canneberges et à l'orange

1633

http://www.robinhood.ca/bread/recipes/machine/orangef.html

> *Pour une occasion spéciale.*

Recettes de tous les jours pour la famille, faciles et rapides à faire.
Recettes de week-end, plus élaborées, quand on reçoit des amis intimes.
Recettes originales pour les grandes occasions.

Pain aux gros morceaux de fromage

1634

http://www.robinhood.ca/bread/recipes/scratch/chunkyf.html

> *Si vous adorez le fromage, vous raffolerez de ce petit délice.*

Pain aux raisins et à la cannelle

1635

http://www.robinhood.ca/bread/recipes/scratch/cinnamof.html

> *Si vous voulez vous faire du pain grillé le lendemain, mieux vaut doubler la recette.*

Pain blanc classique

1636

http://www.robinhood.ca/bread/recipes/machine/basicf.html

> *Très populaire.*

Pain blanc classique

1637

http://www.robinhood.ca/bread/recipes/scratch/basicf.html

> *Sortez-les du four quelques minutes avant l'arrivée de vos invités... et écoutez les commentaires.*

Pain méditerranéen

1638

http://www.robinhood.ca/bread/recipes/scratch/mediterf.html

> *Et oui, un savoureux mélange de tomates séchées, de basilic frais, d'olives noires, etc.*

Babas au rhum

 1639

http://perso.wanadoo.fr/alferic/pgateaux.htm#c

Un dessert qui fait l'unanimité.

Bûche de Noël à l'érable

1640

http://www.saveurs.sympatico.ca/ency_11/buche.htm

Une recette typiquement québécoise.

Charlotte aux fraises

1641

http://gauss.math.jussieu.fr/~jas/cuisine/cuis52.html

Une recette toute simple et très rapide à faire.

L'art du gâteau 3077

Un pâtissier offre des gâteaux sur mesure pour toutes les occasions.
http://www.gerard.lu

Le chocolat 3078

Il était une fois un puissant roi aztèque qui s'appelait Quetzalcoaltus. Il était en même temps dieu de l'air, de la lumière et de la vie. Il était grand jardinier du Paradis des premiers hommes. Dans ce jardin poussait le Cacaoyer...
http://perso.club-internet.fr/mcl/chocindex.htm

Charlotte aux poires   1642

http://gauss.math.jussieu.fr/~jas/cuisine/cuis51.html

Une recette que l'on peut faire toute l'année.

Cheesecake 1643

http://www.captage.com/saysibon/fr/217.htm

Demande pas mal d'habileté.

Forêt noire 1644

http://www.epicuria.fr/recette/foretf.htm

Le rêve des amateurs de gâteau.

Le gâteau du président 3079

La recette du gâteau que mangent tous les présidents des États-Unis le 24 décembre à minuit. Une tradition depuis Abraham Lincoln.
http://saveurs.sympatico.ca/ency_11/presiden.htm

Le miel en poudre 3080

Pour la cuisson et la confection de gâteaux.
http://labontehoney.com/_powd.html

Forêt noire 1645

http://www.france3.fr/atable/desserts51.html

Une autre recette de cet excellent gâteau.

Gâteau au chocolat 1646

http://www.robinhood.ca/BakingFestival/recipes/ecctf.htm

Il n'y pas que les enfants qui en raffolent.

Gâteau au chocolat 1647

http://www.lodace.com/cuisine/rctcla/dessert/gchoco.htm

Très léger et savoureux.

Gâteau au fromage 1648

http://www.robinhood.ca/BakingFestival/recipes/cmcf.htm

Vos invités vont en redemander.

Le miel 3081

Son histoire, son exploitation et des recettes.
http://home.nordnet.fr/~jdreumont/

Gâteau au gruau et abricots

1649

http://www.robinhood.ca/BakingFestival/recipes/aocf.htm

Vous tomberez en amour avec l'arôme de ce gâteau.

Gâteau au yaourt

1650

http://home.nordnet.fr/~cpierre/Jul/cuisine/g_yaourt.htm

Une recette facile qui peut satisfaire plus que les 4 personnes prévues.

Gâteau aux bananes

1651

http://www.6bears.com/gabananes.html

Une recette délicieuse popularisée à la fin des années soixante.

Le sirop d'érable 3082

Le site de la Coopérative de Producteurs de Sirop d'Érable Citadelle.
http://www.ivic.qc.ca/abriweb/erable/_home.html

Gâteau aux épices, carottes et raisins

1652

http://lebulletin.com/recettes/9901.cfm

Une recette qui charmera vos invités.

Gâteau aux fruits

1653

http://www.vegetablepatch.net/fr/cgi-bin/recettes/principal/desserts/
5.html

*Une recette de gâteau aux fruits pour ceux qui détestent faire des
gâteaux aux fruits.*

> *Les 13 desserts de Noël* 3083
>
> Une recette en Occitan.
> http://www.philagora.net/occnoel.htm

Gâteau aux pommes et noisettes   1654

http://www.coop.ch/f/RezeptDB/rezept.qry?function=write&record_id=
32907&lang=f&firstarg=waehrschaft&magic=none

> *Armin Amrein, un des plus grands restaurateurs de Suisse, nous offre
> cette recette.*

Gâteau basque 1655

http://www.le-gourmet.com/recettes5-fr.html#recette10

> *Pas facile à faire, mais délicieux.*

Gâteau de pain d'épice à l'orange 1656

http://perso.wanadoo.fr/bernard.pasquier/recette.htm#gateaupainepice
orange

> *Servez avec du Grand Marnier.*

Gâteau filo aux fraises 1657

http://members.xoom.com/gourmands/recettes/desserts/gateaux/h.htm

> *Un fabuleux assemblage de génoise, de crème et de fraises, décoré de
> magnifiques fleurs en pâte filo.*

Gâteau marbré

1658

http://perso.wanadoo.fr/fabrice.giaume/recette/marbre.htm

Un recette simple, rapide et délicieuse !

Pain aux fruits de Noël

1659

http://www.multimania.com/demey/cuisine/Pain_aux_fruits_de_Noel.
htm

Se conserve bien.

Notes _____

Pâte à tarte

http://www.captage.com/saysibon/fr/255.htm

Une recette de base.

Tarte à la rhubarbe

http://rubis.iie.cnam.fr/~castera/gastronomie/tarterhubarbe.html

Attention de ne pas trop sucrer.

Tarte au citron

http://perso.wanadoo.fr/yves.huot-marchand/Provence/recette312.htm

Une tarte pour l'été.

Tarte au coco

http://www.france3.fr/atable/desserts11.html

Ne pas râper la noix de coco trop longtemps à l'avance.

Tarte aux bleuets

1664

http://perso.wanadoo.fr/alferic/tartes1.htm#a15

> *Préparez cette tarte à l'avance et gardez-la au frais jusqu'au moment de servir.*

Tarte aux pacanes

1665

http://www.robinhood.ca/BakingFestival/recipes/pecanf.htm

> *Un dessert classique pour les vrais amateurs.*

Tarte aux pommes

1666

http://www.multimania.com/zigus/recettes/tartepommes.htm

> *Personne ne fait la même recette... mais elles sont toujours délicieuses.*

Tarte aux pommes à l'alsacienne

1667

http://www.fdn.fr/~csalome/recette/recette.html#tarte2

> *Elle est vraiment délicieuse.*

Tarte aux pommes à la crème

1668

http://gauss.math.jussieu.fr/~jas/cuisine/cuis160.html

> *Avec une pâte sablée.*

Tarte aux pommes à la suédoise

1669

http://home.nordnet.fr/~diguyot/tarte.htm

> *Se mange froide ou tiède.*

TARTES

Tarte flambée (flammekueche) 1670

http://perso.wanadoo.fr/brimbelles/html/page5.htm#flamm

> *Une tarte d'origine alsacienne, mais que l'on retrouve également dans une grande partie de la Moselle.*

Tarte Tatin 1671

http://www.le-gourmet.com/recettes3-fr.html#recette8

> *Toute une histoire cette tarte…*

Tartelette au sirop d'érable 1672

http://pages.infinit.net/pranax/cuisine/tartelette_sirop_erable.htm

> *Très rapide à faire. Une façon intéressante d'utiliser le sirop d'érable de l'année précédente.*

Notes _____

_____
_____
_____
_____
_____
_____
_____
_____
_____
_____

Recettes de tous les jours pour la famille, faciles et rapides à faire.
Recettes de week-end, plus élaborées, quand on reçoit des amis intimes.
Recettes originales pour les grandes occasions.

LES
DESSERTS

Abricots à la crème

1673

http://perso.wanadoo.fr/cuisine.vegetarienne/html/desserts.html

> *Un dessert original.*

Bananes à la brésilienne

1674

http://www.southseatrade.com/recettes/rec02.html

> *Ça change des desserts traditionnels.*

Bananes flambées

1675

http://www.lodace.com/cuisine/rctcla/dessert/bananfla.htm

> *Au lieu du sucre, mettez du sirop de canne.*

Bavarois au cassis

1676

http://perso.wanadoo.fr/yves.huot-marchand/Bourgogne/recette243.htm

> *Peut se préparer la veille. Il se conserve très bien au réfrigérateur.*

DESSERTS

Histoire du café 3084

http://www.noircafe.com/fra/historiq/decouvre.html

Bettelman

1677

http://www.le-gourmet.com/recettes2-fr.html#recette4

Peut se servir chaud ou froid et se conserve plusieurs jours.

Bunyettes

1678

http://perso.wanadoo.fr/br.bonavent/cuisine.htm#bunyet

Ce sont des beignets.

Carrés aux dattes

1679

http://www.6bears.com/Carredattes.html

Les carrés aux dattes de votre mère sont les meilleurs ! Je vous crois.
Mais essayez quand même cette recette.

Clafoutis moelleux aux cerises

1680

http://www.provenceweb.fr/jfleroi/f/mag/cooking/bastide1.htm

Peut contenter facilement huit personnes.

Coupétado

1681

http://lozere.citeweb.net/lozere/cuisine/coupet.htm

Un plat à découvrir.

Crapiaux aux pommes du Morvan

1682

http://www.le-gourmet.com/recettes3-fr.html#recette2

Galettes cuites au poêlon.

Crème caramel

1683

http://perso.wanadoo.fr/alferic/creme.htm#a56

On ne se lasse jamais de ce dessert.

Crème de raisins

1684

http://www.coop.ch/f/RezeptDB/rezept.qry?function=write&record_id=
32963&lang=f&firstarg=saison&magic=none

Original et facile à faire.

Crème pâtissière

1685

http://www.captage.com/saysibon/fr/231.htm

*Une crème que l'on retrouve dans la préparation de nombreuses
recettes.*

Crêpes aux fruits

1686

http://www.canadaegg.ca/francais/recipes/brknbrnch2.html#b5

Les crêpes peuvent être préparées à l'avance et congelées.

La banane 3085

Son origine, sa valeur nutritionnelle et quelques recettes.
http://www.vandamme.be/MainMenu.html

Crêpes bretonnes

1687

http://members.aol.com/cyberjorda/emilie/annex03.htm

La vraie recette traditionnelle.

Croustade de pommes à l'érable

1688

http://www.6bears.com/croupomme.html

Une croustade version « Temps des Sucres ».

Fars breton

1689

http://www.flynet.com/cuisine/desserts.htm#Fars breton

Une recette classique de la cuisine bretonne.

Le Cacao 3086

Tout sur l'histoire du cacao.
http://users.aol.com/davalchoc

Flan aux poires

1690

http://www.netsurf.org/~ulma/Gourmandises/FlanPoires.html

Le flan aux poires se déguste tiède ou froid.

Fondue au chocolat

1691

http://gauss.math.jussieu.fr/~jas/cuisine/cuis169.html

Essayez les litchis… ça change des oranges et des pommes.

Fraises flambées à la J.J 1692

http://perso.wanadoo.fr/raphael.roung/nsj/recettes.htm#r1

> *Une recette d'un restaurateur parisien fort sympathique. Il nous offre en plus un petit dictionnaire œnologique et un lexique.*

Galettes bretonnes 1693

http://www.le-gourmet.com/recettes7-fr.html#recette9

> *Il existe plusieurs variantes de cette recette.*

Galettes des rois 1694

http://www.marmiton.org/innovez/b_recette.cfm?ID=00100

> *Demande un certain doigté.*

Gantois aux framboises 1695

http://www.le-gourmet.com/recettes1-fr.html#recette7

> *Les framboises peuvent être remplacées par des pêches.*

Grands-pères au sirop d'érable 1696

http://www.geocities.com/SoHo/Studios/6189/recette/recette30.htm

> *Un régal, surtout à la cabane à sucre.*

Gratin de fraises 1697

http://perso.wanadoo.fr/yves.huot-marchand/Savoie/recette340.htm

> *Ce gratin accepte aussi d'autres fruits.*

DESSERTS

Le Creusois

http://www.le-gourmet.com/recettes8-fr.html#Le Creusois

L'auteur a 9 ans. Il s'appelle Alexis Lebrun.

Les gaufres des jardins publics

http://www.philagora.net/cuisine/desserts.htm

C'est un impératif : les gaufres doivent être croustillantes.

Melon farci

http://www.coop.ch/f/RezeptDB/rezept.qry?function=write&record_id=
33024&lang=f&firstarg=vegetarisch&magic=none

La sauce est au miel. Servir froid.

Meringue aux framboises

http://www.ihcn.qc.ca/jojo/meringue.htm

On utilise de la confiture pour cette recette.

Mille feuilles au chocolat et fraises

http://www.abanastes.com/cgi-bin/recettes/recettes.cgi?cgifunction=
Search&ref=19990

*Proposé par Jean Marc Larrue, chef du restaurant « Jardin de la Tour »
à Avignon.*

Mousse au café aux fruits

http://www.coop.ch/f/RezeptDB/rezept.qry?function=write&record_id=
32975&lang=f&firstarg=saison&magic=none

Vous pouvez faire une assiette merveilleusement bien décorée.

Recettes de tous les jours pour la famille, faciles et rapides à faire.
Recettes de week-end, plus élaborées, quand on reçoit des amis intimes.
Recettes originales pour les grandes occasions.

DESSERTS

Les pommes de nos vergers 3087

Un site complet sur ce fruit.
http://www.pandemonium.fr/pom/

Mousse au chocolat 1704

http://www.multimania.com/ahouteki/cook/desserts/mouschof.htm

À préparer au moins 6 heures à l'avance.

Œufs de Pâques 1705

http://www.6bears.com/oeupaques.html

Pour les vrais amateurs de sucré…

Papillote de fruits frais 1706

http://www.multimania.com/arnoldsav/dessertdumois.html

Des fruits frais macérés, embrochés et cuits au four.

Pâte à choux 1707

http://membres.tripod.fr/corsica/index-53.html#QA

Les cuisiniers en herbe seront contents de réussir cette recette.

Pâte à choux 1708

http://www.captage.com/saysibon/fr/253.htm

Assez difficile à faire…

Les produits de l'érable 3088

Une dizaine de recettes utilisant les produits de l'érable.
http://sucres.ivic.qc.ca/recettes.html

Pâte à frire 1709

http://www.captage.com/saysibon/fr/254.htm

> *Très utile pour certaines fritures.*

Pêches flambées 1710

http://www.lodace.com/cuisine/rctcla/dessert/pechefla.htm

> *Un beau spectacle pour terminer le repas.*

Poires au vin 1711

http://www.captage.com/saysibon/fr/256.htm

> *Un dessert rapide a faire.*

Poires dijonnaises 1712

http://perso.wanadoo.fr/bourgogne/page23.html

> *Utilisez des poires à peine mûres.*

Pommes à l'érable 1713

http://gauss.math.jussieu.fr/~jas/cuisine/cuis03.html

> *Un délice d'automne qui se prépare en trois minutes.*

Recettes de tous les jours pour la famille, faciles et rapides à faire.
Recettes de week-end, plus élaborées, quand on reçoit des amis intimes.
Recettes originales pour les grandes occasions.

Pommes au rhum

http://www.lodace.com/cuisine/rctcla/dessert/pomorhum.htm

Au lieu du sucre, mettez du sirop d'érable.

Pouding Chômeur

http://www.sje.qc.ca/recettes/pouding.htm#chomeur

On y revient toujours avec plaisir.

Pudding au pain

http://membres.tripod.fr/corsica/index-30.html#vv

Un dessert que l'on fait en regardant les nouvelles à la télé.

Noël   3089

Traditions, chants et... recettes.
http://www.noeleternel.com/fr/index.html

Rigodon

http://www.le-gourmet.com/recettes3-fr.html#recette1

Servir le gâteau tiède.

Sabayon au sauternes

http://www.le-gourmet.com/recettes6-fr.html#recette5

On ne se trompe jamais avec ce dessert.

DESSERTS

Soufflé aux fraises 1719

http://www.alsace-a-table.com/soufraise.html

> *La photo vaut la visite.*

Strudel aux pommes 1720

http://www.construire.ch/SOMMAIRE/9804/04recett.htm

> *Un classique autrichien.*

Syllabub   1721

http://www.lodace.com/cuisine/rctmonde/sylabub2.htm

> *Laissez quelques heures au réfrigérateur avant de servir.*

Tiramisu 1722

http://freehosting2.at.webjump.com/937fed354/cy/cybermeurtres-webjump/CONTENU/recettes.htm#M

> *Une recette italienne.*

Tourlouche au sirop d'érable 1723

http://cafe.rapidus.net/cybele/dessert.html#TOURLOUCHE AU SIROP D'ERABLE

> *Un gâteau qui se mange tiède.*

Tourte salée aux pommes   1724

http://www.marche-fraicheur.ch/rezepfm/fmrezfm.htm#pommes

> *De préférence, il faut râper grossièrement les pommes.*

Recettes de tous les jours pour la famille, faciles et rapides à faire.
Recettes de week-end, plus élaborées, quand on reçoit des amis intimes.
Recettes originales pour les grandes occasions.

Truffes au chocolat 1725

http://www.saveurs.sympatico.ca/ency_8/cacao/truffes.htmt

Facile à faire et économique.

*Notes*_____

_____

_____

_____

_____

_____

_____

_____

_____

_____

_____

_____

_____

_____

_____

_____

_____

_____

_____

_____

_____

_____

_____

Confiture aigre-douce aux légumes et aux fruits 1726

http://www.saveurs.sympatico.ca/ency_4/chutneys/ketchufr.htm

Facile à faire et savoureuse.

Confiture de cerises 1727

http://www.infokiosque.com/gastronomie/les%20recettes/recettes%
20glanees/recettes%20de%20confitures/confiture_de%20cerises.htm

On peut mettre de la pectine.

Confiture d'oignons 1728

http://www.flynet.com/cuisine/sauces.htm

La recette du grand maître Freddy Girardet de Suisse.

Confiture aux quatre fruits 1729

http://www.multimania.com/vbrault/Mamie/Mamie_1Page9.html

Je suggère la moitié moins de sucre que ne l'indique la recette.

Recettes de tous les jours pour la famille, faciles et rapides à faire.
Recettes de week-end, plus élaborées, quand on reçoit des amis intimes.
Recettes originales pour les grandes occasions.

Dictionnaire des additifs alimentaires 3090

Une base de donnée regroupant plus de 480 additifs alimentaires.
http://w1.neuronnexion.fr/~godet

Confiture de rhubarbe   1730

http://www.multimania.com/vbrault/Mamie/Mamie_1Page10.html

Facile à faire et se conserve bien.

Confiture de tomates vertes   1731

http://gauss.math.jussieu.fr/~jas/cuisine/cuis04.html

Une excellente façon de se servir des tomates vertes. Se fait sur deux jours.

Confiture de melon 1732

http://www.infokiosque.com/gastronomie/les%20recettes/recettes%
20glanees/recettes%20de%20confitures/confiture%20de%20melon.htm

Il faut couper les melons en lamelles très minces.

La mise en conserve, la congélation et le séchage 3091

Des trucs et des techniques.
http://www.servicevie.com/01alimentation/Trucs_Tech/Truc160899/Tech160899/
tech160899.html

CONFITURES ET GELÉES

Confiture aux cinq fruits 1733

http://boitearecettes.infinit.net/public/boite/conserve/conserve0158.htm

> *Choisir des fruits que vous aimez.*

Confiture d'abricots 1734

http://www.infokiosque.com/gastronomie/les%20recettes/recettes%20gl
anees/recettes%20de%20confitures/confiture_dabricots.htm

> *Assurez-vous que les abricots soient bien mûres.*

Les fruits 3092

De l'abricot aux raisins, des questions et des réponses sur plus de
40 fruits.
http://www.eutraco.com/bio/fruits/fruits.html

Confiture de tomates 1735

http://www.infokiosque.com/gastronomie/les%20recettes/recettes%20
glanees/recettes%20de%20confitures/confiture%20de%20tomates.htm

> *Tomates vertes ou rouges.*

Marmelade aux cerises de terre 1736

http://cafe.rapidus.net/ghalle/fr/recet.htm#marmelade

> *Un fruit méconnu mais excellent.*

Les petits fruits 3093

Les framboises, les mûres, les groseilles et les gadelles étudiées sous tous leurs aspects.
http://www.fruitenbec.com/fruits/

Confiture de cerises de terre   1737

http://cafe.rapidus.net/ghalle/fr/recet.htm#confiture

Une confiture facile à faire et délicieuse.

Confiture de pastèque blanche   1738

http://www.saveurs.sympatico.ca/ency_4/melon/confitur.htm

Très facile à faire.

Confiture de citrouille   1739

http://boitearecettes.infinit.net/public/boite/conserve/conserve0016.htm

C'est agréable de manger ce fruit autrement qu'en purée.

Confiture de rhubarbe   1740

http://www.infokiosque.com/gastronomie/les%20recettes/recettes%
20glanees/recettes%20de%20confitures/confiture_de%20Rhubarbe.htm

On peut mélanger avec des pommes ou des abricots.

Gelée aux cerises noires   1741

http://boitearecettes.infinit.net/public/boite/conserve/conserve0164.htm

On se sert du micro-ondes pour cette recette.

Produits de pays 3094

Des petits producteurs français parlent de leurs produits
gastronomiques.
http://www.le-gourmet.com/produits-pays-fr.html

Gelée de raisins

 1742

http://www.multimania.com/vbrault/Mamie/Mamie_1Page21.html

Mettez dans des petits pots.

Gelée de groseilles

1743

http://www.infokiosque.com/gastronomie/les%20recettes/recettes%
20glanees/recettes%20de%20confitures/gelee_de_groseilless.htm

Un délice cette confiture !

Framboises en gelée

1744

http://www.revsports.com/passioncuisine/cuisine/d14.htm

Demande un certain art.

*Notes*_____

_____

_____

_____

_____

_____

Recettes de tous les jours pour la famille, faciles et rapides à faire.
Recettes de week-end, plus élaborées, quand on reçoit des amis intimes.
Recettes originales pour les grandes occasions.

LES CONDIMENTS

Betteraves marinées 1745

http://boitearecettes.infinit.net/public/boite/conserve/conserve0135.htm

Une recette très facile.

Chutney aux pommes 1746

http://boitearecettes.infinit.net/public/boite/conserve/conserve0141.htm

Accompagne parfaitement tous les plats au curry.

Chutney d'hiver aux tomates 1747

http://boitearecettes.infinit.net/public/boite/conserve/conserve0160.htm

Beaucoup plus qu'un ketchup.

L'olivier 3095

« Or vert de la Méditerranée ».
http://www.renovation.ch/l'olivie.htm

CONDIMENTS

La cuisine et ses secrets 3096

Les herbes, les épices et les aromates.
http://www.eurogastronomy.com/fr/1/plantes.htm

Herbes salées 1748

http://www.pubinfonet.qc.ca/Lorraine/RECETTE.HTM#HERBES_
SALEES_PROVENCHER

Pour les soupes et ragoûts.

Herbes salées du Bas du Fleuve 🍳 1749

http://www.pubinfonet.qc.ca/Lorraine/RECETTE.HTM#BAS_DU_
FLEUVE

Utiliser du gros sel à marinades.

Huile aux herbes et aux poivres 🍳 1750

http://www.marmiton.org/menu/b_recette.cfm?typerecherche=0&index=
3303&criteria=marinades&startr=1

*Pratique pour les marinades de viandes blanches et pour enduire les
viandes à griller.*

La noix de Cajou 3097

Un condiment très utilisé en Orient.
http://boitearecettes.infinit.net/public/epices/liste/acajou/hist.htm

---

Recettes de tous les jours pour la famille, faciles et rapides à faire.
Recettes de week-end, plus élaborées, quand on reçoit des amis intimes.
Recettes originales pour les grandes occasions.

Marinades 3098

Des recettes de choux-fleurs, cornichons, ketchup, moutarde, relish...
http://www.geocities.com/Heartland/Acres/8914/marinades.html

Ketchup aux tomates   1751

http://members.xoom.com/gourmands/recettes/legumes_et_
accompagnement/ketchups_purees_legumes/a.htm

50 cuisiniers, 50 recettes… Et 50 goûts subtilement différents.

Les herbes salées de Charlevoix   1752

http://www.saveurs.sympatico.ca/ency_1/salees.htm

Pour assaisonner les potages, les ragoûts et la soupe au pois.

Marinade pour brochettes de poulet   1753

http://www.multimania.com/tarzoune/plat.htm#brochette

Une marinade facile à faire.

*Plantes aromatiques
et condimentaires* 3099

Guide pour l'utilisation de ces plantes parfois méconnues.
http://www.jardinhamel.com/jardinhamel/finesher.html

Mayonnaise maison

1754

http://www.saveurs.sympatico.ca/ency_2/moutarde/mayo.htm

Une recette de base.

Notes _____

_____

_____

_____

_____

_____

_____

_____

_____

_____

_____

_____

_____

_____

_____

_____

_____

_____

_____

_____

_____

_____

_____

LES
COCKTAILS

Absinthe Cocktail

1755

http://wwwusers.imaginet.fr/~jgg/Anis/Abscock.htm

> *Avec Pernod.*

Acapulco

1756

http://ourworld.compuserve.com/homepages/S_Grialet/best1.htm#c1

> *Avec rhum et Cointreau.*

Alaska

1757

http://www.chez.com/lusitain/alaska.html

> *Avec chartreuse et gin.*

Alexandra

1758

http://www.chez.com/lusitain/alexandra.html

> *Avec cognac.*

Aloha Bolo

1759

http://www.osiris.com/~lplouffe/rhumblan.htm

> *Avec Piña Colada, rhum blanc et rhum brun.*

COCKTAILS

Amba

1760

http://ourworld.compuserve.com/homepages/S_Grialet/best1.htm#c13

Avec scotch, rhum, apricot brandy et vermouth rouge.

Artillery Punch

1761

http://ourworld.compuserve.com/homepages/S_Grialet/best1.htm#c22

Avec bourbon, vin rouge, rhum ambré, liqueur d'abricot et gin.

Atlantic Cooler

1762

http://www.osiris.com/~lplouffe/tiamaria.htm

Avec rhum brun et Tia Maria.

Baccardi-cocktail

1763

http://www.chez.com/lusitain/baccardi_cocktail.html

Avec rhum.

Baiser profond

1764

http://ourworld.compuserve.com/homepages/S_Grialet/best1.htm#c29

Avec cognac, vermouth et Dubonnet.

Banana bliss

1765

http://www.chez.com/lusitain/banana_bliss.html

Avec cognac.

Banana Daiquiri

1766

http://ourworld.compuserve.com/homepages/S_Grialet/best1.htm#c31

>   *Avec rhum blanc.*

Band B

1767

http://www.chez.com/lusitain/B_and_B.html

>   *Avec brandy et bénédictine.*

Between the sheets

1768

http://ourworld.compuserve.com/homepages/S_Grialet/best1.htm#c43

>   *Avec rhum, cognac et Cointreau.*

Black russian

1769

http://www.chez.com/lusitain/black_russian.html

>   *Avec vodka.*

Bloody Mary

1770

http://ourworld.compuserve.com/homepages/S_Grialet/best1.htm#c58

>   *Avec vodka.*

Boomerang

1771

http://ourworld.compuserve.com/homepages/S_Grialet/best1.htm#c66

>   *Avec gin et vermouth.*

Brandy Alexander
1772

http://www.osiris.com/~lplouffe/brandy.htm

Avec Cointreau, brandy et rhum blanc.

Bridge
1773

http://www.osiris.com/~lplouffe/vermoutb.htm

Avec Cointreau, apricot brandy, gin et vermouth blanc.

Bronx
1774

http://www.chez.com/lusitain/bronx.html

Avec vermouth sec, vermouth doux et gin.

Brooklyn
1775

http://ourworld.compuserve.com/homepages/S_Grialet/best1.htm#c75

Avec whisky, vermouth et Amer Picon.

Café
1776

http://www.grand-marnier.com/gmv1/fr/Cocktails/Sign_Cafe.htm

Avec Grand Marnier.

Caribou
1777

http://www.osiris.com/~lplouffe/vinrouge.htm

Avec alcool et vin rouge.

Carlton

1778

http://wwwusers.imaginet.fr/~jgg/Whisky/Carlton.htm

Avec whisky et Cointreau.

Castle dip

1779

http://wwwusers.imaginet.fr/~jgg/Calvados/Castledi.htm

Avec calvados, menthe et Pernod.

Célibataire confirmé

1780

http://ourworld.compuserve.com/homepages/S_Grialet/best1.htm#c96

Avec gin.

Champagne cocktail

1781

http://www.chez.com/lusitain/champagne_cocktail.html

Avec cognac et champagne.

Champs-Élysées

1782

http://ourworld.compuserve.com/homepages/S_Grialet/best2.htm# 145

Avec chartreuse et cognac.

Cocktails à la liqueur de cacao

1783

http://www.6bears.com/barpaque.html

Trois cocktails à base de liqueur de cacao.

Cosmopolitan

1784

http://www.grand-marnier.com/gmv1/fr/Cocktails/Sign_
Cosmopolitan.htm

Avec Grand Marnier et vodka.

Cubaracha

1785

http://www.6bears.com/Cubaracha.html

Avec rhum.

Daiquiri

1786

http://ourworld.compuserve.com/homepages/S_Grialet/best.htm#c30

Avec rhum blanc.

Diablo

1787

http://wwwusers.imaginet.fr/~jgg/Tequila/Diablo.htm

Avec tequila et crème de cassis.

Dry kir

1788

http://wwwusers.imaginet.fr/~jgg/Vin/Drykir.htm

Avec gin, vin blanc et crème de cassis.

Dry martini

1789

http://www.chez.com/lusitain/dry_martini.html

Avec gin et vermouth.

Dry Rob Roy

1790

http://www.osiris.com/~lplouffe/whiskyec.htm

Avec vermouth blanc et whisky écossais.

El Sombrero

1791

http://wwwusers.imaginet.fr/~jgg/Tequila/Sombre.htm

Avec tequila.

Fleur de pommier

1792

http://wwwusers.imaginet.fr/~jgg/Calvados/Fleurpom.htm

Avec calvados et vermouth rouge.

Flocon de neige

1793

http://wwwusers.imaginet.fr/~jgg/Vodka/Flocon.htm

Avec vodka, Southern Confort et Galliano.

Florida

1794

http://ourworld.compuserve.com/homepages/S_Grialet/best2.htm#c164

Avec vodka, kirsch et Cointreau.

Francesca

1795

http://wwwusers.imaginet.fr/~jgg/Vermouth/France.htm

Avec rhum blanc et vermouth blanc.

Gentleman

1796

http://ourworld.compuserve.com/homepages/S_Grialet/best2.htm#c177

Avec bourbon, cognac et crème de menthe.

Geronimo

1797

http://wwwusers.imaginet.fr/~jgg/Tequila/Geronimo.htm

Avec tequila et triple sec.

Good father

1798

http://www.chez.com/lusitain/good_father.html

Avec Amaretto et scotch.

Good mother

1799

http://www.chez.com/lusitain/good_mother.html

Avec Amaretto et vodka.

Grand frais

1800

http://wwwusers.imaginet.fr/~jgg/Anis/Gfrais.htm

Avec pastis et Get 27.

Grand Plaisir

1801

http://www.grand-marnier.com/gmv1/fr/Cocktails/plaisir.htm

Avec Grand Marnier et Irish Cream.

Hawaiian beach

http://wwwusers.imaginet.fr/~jgg/Calvados/Hawaianb.htm

Avec calvados.

Honeymoon

http://ourworld.compuserve.com/homepages/S_Grialet/best3.htm#c205

Avec calvados, bénédictine et triple sec.

Irish Picon

http://wwwusers.imaginet.fr/~jgg/Bieres/Irishp.htm

Avec Picon et bière Guinness.

Jackrabbit

http://wwwusers.imaginet.fr/~jgg/Calvados/Jackrabb.htm

Avec calvados.

Jalousie furieuse

http://ourworld.compuserve.com/homepages/S_Grialet/best3.htm#c223

Avec scotch, cherry brandy et vermouth doux.

Kir

http://wwwusers.imaginet.fr/~jgg/Vin/Kir.htm

Avec vin blanc de Bourgogne et crème de cassis.

COCKTAILS

Kiss me quick
1808

http://ourworld.compuserve.com/homepages/S_Grialet/best3.htm#c231

Avec Pernod, Curaçao et Angusturas bitter.

Lady Blush
1809

http://wwwusers.imaginet.fr/~jgg/Anis/Lady.htm

Avec Pernod, anisette, et Curaçao.

Le romantic
1810

http://www.6bears.com/le_romantic.htm

Avec gin, Malibu et apricot brandy.

L'Élysée
1811

http://wwwusers.imaginet.fr/~jgg/Campari/Elysee.htm

Avec gin et Campari.

London night
1812

http://wwwusers.imaginet.fr/~jgg/Whisky/London.htm

Avec whisky.

Lupino
1813

http://wwwusers.imaginet.fr/~jgg/Punte/Lupino.htm

Avec Punte Mes et cognac.

Margarita 1814

http://ourworld.compuserve.com/homepages/S_Grialet/best3.htm#c252

> *Avec tequila et Cointreau.*

Margarita 1815

http://wwwusers.imaginet.fr/~jgg/Tequila/Margarita.htm

> *Avec tequila et triple sec.*

Marnouchka 1816

http://www.grand-marnier.com/gmv1/fr/Cocktails/marnou.htm

> *Avec Grand Marnier et vodka.*

Mary Rose 1817

http://wwwusers.imaginet.fr/~jgg/Kirsch/Mary.htm

> *Avec kirsch, Sherry dry et brandy.*

Mayflower 1818

http://ourworld.compuserve.com/homepages/S_Grialet/best3.htm#c258

> *Avec cognac, Pernod, triple sec, vermouth doux et vermouth sec.*

Ménage à trois 1819

http://ourworld.compuserve.com/homepages/S_Grialet/best3.htm#c260

> *Avec rhum et Cointreau.*

Merry widow

1820

http://ourworld.compuserve.com/homepages/S_Grialet/best3.htm#c262

Avec gin, Pernod et vermouth sec.

Mexicaport

1821

http://wwwusers.imaginet.fr/~jgg/Porto/Mexicapo.htm

Avec porto et tequila.

Moscovite

1822

http://wwwusers.imaginet.fr/~jgg/Vodka/Moscovit.htm

Avec pastis, vodka et liqueur de mandarine.

Paparazzi

1823

http://wwwusers.imaginet.fr/~jgg/Cinzano/Paparazz.htm

Avec Cinzano bitter.

Parisien

1824

http://www.grand-marnier.com/gmv1/fr/Cocktails/parisian.htm

Avec Grand Marnier et vodka.

Perroquet

1825

http://ourworld.compuserve.com/homepages/S_Grialet/best.htm#c68

Avec pastis.

Pink Cadillac

1826

http://www.grand-marnier.com/gmv1/fr/Cocktails/pink.htm

> *Avec Grand Marnier et tequila.*

Pink gin

1827

http://wwwusers.imaginet.fr/~jgg/Gin/Pinkgin.htm

> *Avec gin et Angostura.*

Porto Flip

1828

http://ourworld.compuserve.com/homepages/S_Grialet/best.htm#c74

> *Avec porto et cognac.*

Québec

1829

http://ourworld.compuserve.com/homepages/S_Grialet/best4.htm#c353

> *Avec whisky, Amer Picon et vermouth sec.*

Rambo

1830

http://wwwusers.imaginet.fr/~jgg/Cognac/Rambo.htm

> *Avec cognac, Cherry Heering et Campari.*

Red Lion

1831

http://www.grand-marnier.com/gmv1/fr/Cocktails/redlion.htm

> *Avec Grand Marnier et dry gin.*

COCKTAILS

Rendez-vous
1832

http://ourworld.compuserve.com/homepages/S_Grialet/best4.htm#c364

Avec gin, kirsch et Campari.

Rhum Collins
1833

http://www.lodace.com/cocktail/rhum/rhumcoll.htm

Avec rhum.

Royal fizz
1834

http://wwwusers.imaginet.fr/~jgg/Gin/Royalfiz.htm

Avec gin.

Sale fille
1835

http://ourworld.compuserve.com/homepages/S_Grialet/best4.htm#c376

Avec vodka, Irish Cream et crème de menthe verte.

Sangria
1836

http://wwwusers.imaginet.fr/~jgg/Vin/Sangria.htm

Avec vin rouge, Cointreau et cognac.

Scorpion
1837

http://ourworld.compuserve.com/homepages/S_Grialet/best4.htm#c389

Avec rhum blanc et cognac.

Shamrock
1838

http://ourworld.compuserve.com/homepages/S_Grialet/best5.htm#c465

Avec Irish whisky, crème de menthe, chartreuse verte et vermouth sec.

Sombrero
1839

http://wwwusers.imaginet.fr/~jgg/Tequila/Sombrero.htm

Avec tequila, vermouth dry et drambuie.

Spécial Noël et Nouvel An
1840

http://www.6bears.com/barman.noel.html4

Recettes spéciales pour Noël et l'an nouveau.

Spécial Saint-Valentin
1841

http://www.6bears.com/valentinbar.html

Pour elle, pour lui, pour vous deux.

Tête-à-Tête
1842

http://www.grand-marnier.com/gmv1/fr/Cocktails/tete.htm

Avec cognac et Grand Marnier.

Three Miller
1843

http://wwwusers.imaginet.fr/~jgg/Cognac/Three.htm

Avec rhum blanc et cognac.

Ti-punch

1844

http://wwwusers.imaginet.fr/~jgg/Rhum/Tipunch.htm

Avec rhum blanc.

Tropical Dream

1845

http://www.grand-marnier.com/gmv1/fr/Cocktails/tropical.htm

Avec Grand Marnier.

Tropiques

1846

http://wwwusers.imaginet.fr/~jgg/Rhum/Tropique.htm

Avec rhum blanc.

Whisky sour

1847

http://wwwusers.imaginet.fr/~jgg/Whisky/Sour.htm

Avec whisky et bourbon.

Woippy

1848

http://wwwusers.imaginet.fr/~jgg/Porto/Woippy.htm

Avec porto rouge.

Woo-woo

1849

http://ourworld.compuserve.com/homepages/S_Grialet/best5.htm#c493

Avec vodka et schnaps.

COCKTAILS

Zombie

1850

http://ourworld.compuserve.com/homepages/S_Grialet/best.htm#c100

Avec rhum blanc, rhum ambré et Grand Marnier.

*Notes*_____

_____

_____

_____

_____

_____

_____

_____

_____

_____

_____

_____

_____

_____

_____

_____

_____

_____

_____

_____

_____

_____

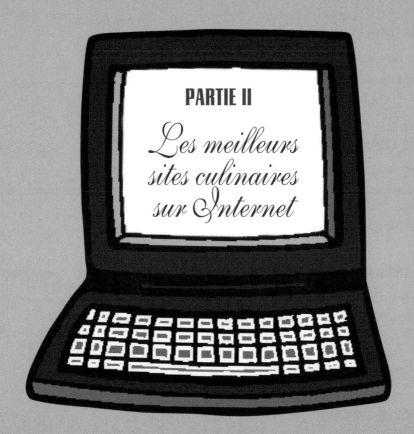

PARTIE II

Les meilleurs sites culinaires sur Internet

À Table ! ☆☆☆☆

 2001

http://www.france3.fr/atable/index.html

Les recettes de cuisine de Maïté présentées à la télévision française,
France 3.

> *Beaucoup de recettes, certaines en images. Présentation vive et rapide.
> Un site à visiter.*

Ah, la bonne cuisine ! ☆☆

2002

http://www.bplorraine.fr/Pgrzybowski/recettes.htm

On retrouve de tout : des entrées, des poissons, des viandes, etc.

> *Une quinzaine de recettes, certaines intéressantes.*

Art de vivre... à Lille ☆☆☆

2003

http://www.univ-lille1.fr/~eudil/lillefr/lilvivr.htm

Des recettes flamandes et du nord de la France. Description et histoire des
fromages : Maroilles, Mimolette, Mont des Cats.

> *Bien fait. On a du plaisir à parcourir ces pages.*

Arts culinaires ☆☆☆

2004

http://www.arts-culinaires.com/

Près de 150 recettes pour tous les goûts. On parle aussi de bières,
cocktails, spiritueux.

> *Certaines recettes sont très difficiles, d'autres faciles. Une présentation
> simple et rapide.*

Au Prince Gourmet ☆☆☆

2005

http://perso.wanadoo.fr/denis.gaudichon/

Un chef vous propose son savoir, ses recettes et ses conseils. Des bonnes
adresses et les produits du mois.

> *Une trentaine de recettes, certaines méritent d'être vues.*

Aux bons petits plats ☆☆☆

2006

http://perso.club-internet.fr/stdelep/index.html

Une soixantaine de recettes : plats principaux, pâtes, légumes, viande, desserts. Possibilité d'ajouter vos recettes en remplissant un formulaire.

Un site sympathique bien présenté. Les recettes sont simples et faciles.

Bon appétit ☆☆

2007

http://www.geocities.com/Hollywood/Lot/4352/frenchnew.htm

Les recettes viennent des lecteurs et des lectrices.

Certaines sont intéressantes, mais plusieurs sont en anglais. La présentation est valable.

Cahier de recettes ☆☆

2008

http://www.avaric.com/ecoles/site%20jc/cahierecette/0choix.htm

Les étudiants et élèves du département hôtellerie du lycée Jacques-Cœur de Bourges vous présentent leurs recettes. Un menu express, des menus saison, des menus régionaux et internationaux.

Plusieurs recettes sont assez difficiles.

C'est la page de Cathie et Yves ☆☆☆☆

2009

http://perso.wanadoo.fr/yves.huot-marchand/

Des recettes dans tous les domaines et pour tous les goûts.

Un site très bien fait. Présentation vive et alerte. On peut y passer des heures. Beaucoup de recettes faciles.

C'est si bon ! ☆☆☆☆

2010

http://www.captage.com/saysibon/fr/accueil.htm

Plusieurs centaines de recettes sur tout : Des soupes aux desserts en passant par les viandes, le poissons, etc.

Elles sont faciles, courtes et on donne de précieux conseils. Un site à voir.

Chérie Qu'est-ce Qu'on Mange ? ☆☆☆☆☆

2011

http://home.tvd.be/sf15456/

Pages destinées à ceux qui cherchent une idée originale pour une occasion particulière, ou simplement pour le plaisir de cuisiner. Cuisine française, italienne et de plusieurs autres pays.

> *Un site passionnant et bien fait. Toutes les recettes sont illustrées. Présentation vive et pratique. Un forum d'échanges est accessible.*

Créativité culinaire et gastronomique ☆☆☆☆☆

2012

http://www.kaiseki.com/SushiClub/index.html

La cuisine Kaiseki est synonyme de repas traditionnel, de raffinement et de banquet religieux japonais. Le chef Hisayuki Takeuchi renouvelle cet art culinaire en composant des menus alliant technicité culinaire française et esthétique du goût. Avec un lexique de la cuisine japonaise.

> *Un site très bien fait pour ceux qui veulent connaître la cuisine japonaise. Très illustré.*

Crepeman ☆☆☆

2013

http://www.ifrance.com/crepeman/

Tout sur les pâtes à crêpes : des recettes, des trucs, des conseils. L'histoire des crêpes à travers les âges.

> *Si vous êtes un amateur de crêpes, ne manquez pas ce site.*

Cuisiland ☆☆☆☆☆

2014

http://altern.org/cuisiland/

Des centaines de recettes classées par ordre alphabétique.

> *Une présentation facile. Des mises à jours régulières. Un site à conserver dans vos signets.*

Cuisine algérienne ☆☆☆☆

http://perso.wanadoo.fr/moktari/#cuisine

Plus de 50 recettes : hors-d'œuvre, soupes, poissons, viandes, couscous, desserts. Un lexique pour faciliter la compréhension de certaines expressions culinaires.

> *Un site bien présenté, agrémenté d'un fond musical oriental.*
> *Je vous suggère d'essayer la soupe aux lentilles.*

2015

Cuisine canadienne ☆☆

http://www.geocities.com/Paris/2755/recipes.html

On retrouves des recettes québécoises traditionnelles, dont la fameuse tourtière du Lac St-Jean.

2016

Cuisine Congo ☆☆

http://www.congonline.com/Gastro/cuisine.htm

Une cuisine variée selon qu'elle provient des bords des cours d'eau, des savanes, des régions forestières ou des montagnes. Ici ou là, l'aliment typique sera le poisson, le gibier, les insectes (chenilles, sauterelles), la chèvre, la poule ou le bovidé.

> *Pour ceux qui veulent vraiment des choses différentes.*

2017

Cuisine de l'Île de la Réunion ☆☆☆

http://perso.wanadoo.fr/christophe.belluteau/gastro.htm

Des recettes de bœuf, volailles, porc, chevreau, desserts et des cocktails.

> *Un excellent lexique nous initie à cette cuisine.*

2018

Cuisine gastronomique pour tous ☆☆

http://pages.infinit.net/dtobien/recettes.htm

Des recettes de viande, poisson et entrées. Une recette à ne pas manquer : betterave parfumée à l'orange.

> *Difficile à lire.*

2019

Cuisine médiévale ☆☆☆

2020

http://www.cybercable.tm.fr/~jpk/cuisine.htm

L'histoire de la cuisine et quelques recettes.

> *Beaucoup d'informations pertinentes. Pour les passionnés de la cuisine et de son histoire.*

Cuisine pour enfants ☆☆☆☆

2021

http://pages.infinit.net/laventur/enfants.htm

Des recette à faire par les enfants.

> *Laissez vos enfants découvrir ce merveilleux monde à l'aide de recettes faciles et délicieuses.*

Cuisine pour les gourmands ☆☆

2022

http://www.multimania.com/chenner/gastronomie/

Une trentaine de recettes, principalement des desserts. Quelques recettes imagées.

Cuisine végétarienne ☆☆☆

2023

http://perso.wanadoo.fr/cuisine.vegetarienne/

Plusieurs recettes faciles et excellentes pour la santé.

> *Un site excellent pour découvrir en douceur la cuisine végétarienne.*

Cuisine végétarienne ☆☆☆☆

2024

http://www.vegetarisme.org/

Des recettes, des informations nutritionnelles, les termes couramment utilisés, des livres, et beaucoup plus.

> *Intéressant.*

Cuisinez comme un grand chef ☆☆☆

2025

http://www.tf1.fr/emissions/cuisinez/sommairefr.htm

Recettes, astuces et conseils de Joël Robuchon et de son chef invité.

Plusieurs recettes intéressantes, des faciles et des moins faciles.

Délices de France ☆☆☆☆

2026

http://www.delices-defrance.com/

La haute gastronomie française à la portée de tous.

De la grande cuisine… mais il faut savoir cuisiner pour vraiment apprécier et y prendre plaisir.

Gastronomie ☆☆☆

2027

http://www.chez.com/chateaubriant

Des recettes de bœuf, (le châteaubriant), de gourmandises, de gâteaux, de galettes et de crêpes. Cidre, chouchen, produits du terroir, etc.

Plusieurs bonnes recettes et des informations culinaires pertinentes.

Gastronomie du Roussillon ☆☆

2028

http://perso.wanadoo.fr/br.bonavent/cuisine.htm

Une dizaine de recettes traditionnelles du Roussillon.

Gastronomie du monde ☆☆☆

2029

http://www.infokiosque.com/gastronomie/

Un forum où l'on peut échanger des recettes, demander des conseils, critiquer les recettes publiées.

Valable, bien conceptualisé, mais il vaut mieux y aller régulièrement si l'on veut bien suivre les dossiers.

Gastronomie en Haute-Savoie ☆☆☆☆

2030

http://www.cdt-hautesavoie.fr/Topics/Gastronomy.F.html

Plats, desserts, fromages, charcuterie, poissons, fruits, et vins se retrouvent sur ce site. On y parle aussi de la fondue savoyarde, sans oublier la traditionnelle raclette.

> *Une cuisine de pays de montagnes, une authentique cuisine de tradition faite d'imagination et d'invention. Un site très bien fait.*

Gourmandia ☆☆☆

2031

http://www.gourmandia.com/

Des recettes de grands chefs et la vente en ligne de produits fins du terroir. On nous propose de découvrir la France des restaurants à travers des itinéraires gourmets. On présente aussi des produits cachères.

> *On peut passer un bon bout de temps sur ce site. Les recettes ne sont pas toujours faciles à faire, mais la présentation est agréable et intéressante.*

Guide cuisine GB ☆☆☆☆

2032

http://www.gb.be/fracuis1.html

On retrouve de tout sur ce site : viande, poissons, légumes, soupes, desserts, et plus. Des photos accompagnent les recettes.

> *Une présentation très originale et assez unique.*

Index de recettes ☆☆☆

2033

http://antioche.lip6.fr/portier/recettesIndex.html

Des centaines de recettes dont plusieurs de cocktails.

> *Les recettes sont assez simples. On peut y passer un bon bout de temps.*

L'encyclopédie des bières ☆☆ 🖱2034

http://www.multimania.com/gamin/noframe/indexrec.html

On retrouve sur ce site plus de 25 recettes à la bière et beaucoup d'informations concernant cette boisson. On y parle aussi de ces gueuzes servies dans des flûtes, dont les plus connues sont les Kriek.

Malheureusement, la couleur de fond rouge marron nous empêche de lire facilement le texte.

L'Œil de Sainte Lucie ☆☆☆ 🖱2035

http://perso.club-internet.fr/roncasyl/santalucia/

Des recettes inédites illustrées : asperges sauvages, limaçons, poisson cru mariné, anchois, sushi, etc.

La recette de ris « Viet » vaut la visite.

La Boîte à recettes ☆☆☆☆☆ 🖱2036

http://www.boitearecettes.com/

Plus de 10 000 recettes. Un site accessible en partie au public, en partie aux membres seulement. Des conseils, des informations, des recettes s'y ajoutent tous les jours. Un forum de discussion.

Un des grands sites francophones sur la cuisine. À visiter sans faute.

La bonne cuisine de A à Z ☆☆☆☆ 🖱2037

http://www.multimania.com/cuisine/index-frame.htm

Un site où on trouve des recettes sur à peu près tout.

Généralement simples et faciles à exécuter.

La Cambuse ☆☆☆ 🖱2038

http://www.concar.net/Recettes/

Des recettes de toutes provenances, principalement de régions marines.

Pratiques et faciles.

La Cuisine à Mila ☆☆☆

2039

http://www.6bears.com/menu_cuisine.htm

Une trentaine de spécialités québécoises : beaucoup de desserts et des plats principaux.

La Cuisine Bretonne ☆☆☆

2040

http://perso.magic.fr/tradbretagne/

Les grandes recettes traditionnelles de la Bretagne sans oublier les fameuses crêpes.

La Cuisine de Cornélia! ☆☆☆

2041

http://www.angelfire.com/pq/corneliaskitchen/francais.html

On y parle poulet, bœuf, porc, légumes, plats d'accompagnement et desserts.

La plupart des recettes sont relativement simples à préparer, et plusieurs s'adressent à des personnes « difficiles » à contenter.

La cuisine de maman Anne ☆☆☆

2042

http://www.multimania.com/cuisinemamananne/

Des trucs et astuces. La cuisine corse est à l'honneur.

Une présentation vive, mais il est probablement difficile de trouver certains produits décrits dans les recettes.

La cuisine de Marthe ☆☆☆☆

2043

http://www.rmcnet.fr/~huillier/

Une trentaine de recettes avec photos.

Des recettes faciles et bien présentées. Un site à visiter.

La cuisine de Valoue ☆☆

2044

http://www.multimania.com/liloutte/
De tout, du cocktail au dessert.

Une vingtaine de recettes faciles.

La cuisine des Cayrol ☆☆☆

2045

http://perso.wanadoo.fr/andre.cayrol/cuisine/index.htm
La cuisine du Sud : salades, entrées, plats principaux, desserts.

Elles sont faciles et bien présentées.

La cuisine d'Extrême-Orient ☆☆☆☆

2046

http://perso.wanadoo.fr/nguyen595/cuisine.htm
La cuisine de l'Extrême-Orient : Chine, Vietnam, Thaïlande, Japon, Indonésie, Malaisie. Plus de 400 recettes.

Un site pratique qui nous initie à une cuisine différente, mais simple et facile à faire.

La cuisine facile ☆☆

2047

http://home.nordnet.fr/~diguyot/somrecette.htm
Des entrées, des salades, des viandes, des poissons et des desserts.

Quelques recettes faciles à faire.

La cuisine française, un art de vivre ☆☆

2048

http://www.philagora.net/cuisine/cuisine1.htm
Des pages gourmandes, desserts, plats chauds, cuisine du terroir.

Quelques recettes simples et faciles à faire. Une musique de fond un peu agaçante.

La Gastronomie Cerdane ☆☆

2049

http://www.imp-odeillo.fr/utilisateurs/boullet/gastrocer.html

On parle entrées, plats principaux, desserts et boissons.

Une quinzaine de recettes, certaines fort intéressantes.

La Gastronomie Mauricienne ☆☆☆

2050

http://www.multimania.com/starquit/cuisine.htm

L'Île Maurice compte une population aux couleurs ethniques particulièrement mélangées. Il en va de même pour sa cuisine, au demeurant savoureuse. On y parle d'épices, de poissons et de crustacés ; de cuisine indoue et musulmane ; quelques recettes traditionnelles.

Un site intéressant !

La Gazette Gourmande ☆☆☆☆

2051

http://members.xoom.com/anne_gardon/listegaz.htm

Les chroniques et recettes de Anne Gardon qui ont déjà paru dans le cahier Saveurs & Santé du *Journal de Montréal*.

Présentation facile et agréable. Une excellente idée de présenter un menu complet en indiquant le coût.

La Gourmanderie ☆☆☆

2052

http://www.beaujolais.net/fra/gourmand/sommaire.htm

Une cinquantaine de recettes de la région du Beaujolais.

Des recettes assez élaborées et à base de vin.

La marmite ☆☆☆

2053

http://www.ifrance.com/la-marmite/

Des recettes de base, des recettes spécialisées et des recettes de différents pays.

Un site intéressant, vivant et dynamique. On peut télécharger les recettes sous différents formats.

La Page à Khryss ☆☆

2054

http://www.khryss.com/khryss/recettes/recettes.htm

Quelques recettes seulement.

> *Celle de la ratatouille provençale vaut la peine.*

La Page à Philippe Garcia ☆☆☆

2055

http://www.multimania.com/philou2000/cuisine/introcuisine.htm

Des recettes, des infos, des trucs.

> *Un site simple et très agréable à consulter.*

La page de Bernadette ☆☆☆

2056

http://www.dtr.fr/homepage/jmillet/pagebern.html

Un site personnel comprenant une cinquantaine de recettes et quelques suggestions de cocktails. Une liste d'abréviations et de termes internationaux ; un tableau de conversion de certaines abréviations et unités utilisées en cuisine.

> *Un site à visiter pour ceux et celles qui s'initient à la cuisine.*

La page de Sylyne ☆☆

2057

http://members.xoom.com/sylyne/recettes.htm

Quelques recettes : viandes, pâtes, trempette pour légumes.

> *Une bonne recette de popsicle au jello.*

La page du cuistot ☆☆☆

2058

http://cafe.rapidus.net/cybele/recette.html

Des douceurs et des desserts…

> *Des recettes faciles.*

La pâtisserie facile ☆☆☆

2059

http://www.multimania.com/arnoldsav/index.html

Un site entièrement consacré à la pâtisserie.

De bonnes recettes et de précieux conseils à l'intention des novices.

La Veillée Limousine ☆☆☆

2060

http://www.magic.fr/lvl/veillee/cuisine/menucuis.html

Des recettes du Limousin.

Une cuisine fantastique.

La vie pratique ☆☆☆☆

2061

http://www.saveurs-de-provence.com/viepratique/p_recherch.htm

Plus de 9 350 recettes. Vous devez vous servir de l'outil de recherche mis à votre disposition.

Présentation efficace et claire. L'outil de recherche fonctionne rapidement.

L'Agronome de 1764 ☆☆☆☆☆

2062

http://www.ptprod.com/agronome/

Des recettes et des informations sur la cuisine de 1764.

Très intéressant de pouvoir mieux comprendre la vie de nos ancêtres. Voilà un bel exemple des richesses de l'Internet.

L'art de la cuisine et la cuisine de l'art ☆☆☆☆

2063

http://www.altern.org/artculinaire

Des menus inspirés de divers thèmes. Une vision de l'art à travers la cuisine.

Des recettes originales et assez faciles. Une présentation agréable. Il y a place à l'imagination et à la création.

Le Chérubin Gourmand ☆☆

2064

http://www.ambafrance.org/LINKS/gourmand.html

Un site élaboré par le Service Culturel de l'ambassade de France à Ottawa.
On parle bières, vins et beaucoup plus. Quelques liens sur la cuisine.

Certains liens sont en anglais et d'autres ne fonctionnent pas.

Le coin Cuisine ☆☆

2065

http://village.cyberbrain.com/alain.houtekier/cook/indexf.htm

Des recettes du Sud-Ouest de la France. Certaines sont originales
(à tester à vos risques et périls), mais la plupart sont reprises de livres
ou de recueils familiaux. Entrées, viandes, desserts et divers.

Le coin des gourmands ☆☆☆☆☆

2066

http://members.xoom.com/gourmands/

Tout ce qu'il faut savoir en matière de cuisine. Des trucs, des techniques,
des renseignements sur la nutrition, une section santé, des recettes, des
sections de cuisine internationale.

*Un site très pratique et à la portée de tous. Une présentation alerte
et vive. Un chapitre très bien fait sur la cuisine santé.*

Le grand dictionnaire de cuisine
d'Alexandre Dumas ☆☆☆

2067

http://www.mlink.net/~lourioux/crs/index.cgi?frag=Recettes

Uniquement des recettes de lapin.

Bonne présentation, plusieurs recettes et informations pertinentes.

Le Meilleur du Chef ☆☆☆

2068

http://www.meilleurduchef.com/

Un site gourmand pour les amateurs de cuisine. Conseils du chef, informations sur les produits, répertoire des termes culinaires. Quelques recettes illustrées : plats du terroirs ou étrangers, entrées, sauces, desserts, poissons, etc.

> *Présentation excellente. Les conseils offerts sont précieux.*

Le monde des desserts et douceurs ☆☆☆☆

2069

http://www.lemondedudessert.tm.fr/

Historique du dessert par produit. Des recettes de desserts classées par saison.

> *Une présentation raffinée. Un site qui informe et offre de merveilleux desserts.*

Le site de Joëlle et Claude ☆☆

2070

http://perso.wanadoo.fr/rocks/p2.htm

Des spécialités de la région de Nice, en France. Certaines recettes traditionnelles, d'autres plus récentes.

> *Quelques recettes assez faciles à exécuter.*

Le site de Sylvie ☆☆☆

2071

http://www.multimania.com/demey/cuisine/

De nombreuses recettes de cuisine répertoriées : entrées, terrines, tartes et tourtes, poissons, légumes, desserts, etc.

> *Des recettes pour tous les jours ou pour les jours de fête. Présentation simple et pratique.*

Le site des tartes ☆☆☆

2072

http://www.fdn.fr/~csalome/tarte/index.html

Recettes de pâtes, de tartes salées ou sucrées.

> *Les concepteurs du site sont prétentieux… ils affirment : « pour mieux réussir les tartes que votre grand-mère ».*

Le Voyer-Lajoie
(recueil de recettes culinaires) ☆☆☆☆☆

2073

http://www.sje.qc.ca/recettes/

Recueil des recettes culinaires de Ginette Voyer et de Régis Lajoie classées par catégories.

Un site facile d'accès, une présentation agréable, de nombreuses recettes pratiques. Un très beau site.

Les bonnes recettes ☆☆☆☆

2074

http://members.aol.com/gbodaine/bienvenu.htm

Plusieurs centaines de recettes dans toutes les catégories, y compris les gelées, compotes, gibiers et sauces.

Un très bon choix de recettes. À consulter.

Les bonnes recettes de Christophe ☆☆☆

2075

http://www.fdn.fr/~csalome/recette/recette.html

Une trentaine de recettes de toutes sortes : soupes, viandes, desserts, vin chaud. Quatre façons d'accommoder les grenouilles et quelques recettes pour les fins de mois.

Les bonnes recettes de France-Amérique ☆☆☆

2076

http://www.france-amerique.com/cuisine/recettes/index.html

Une quarantaine de recettes de cuisine française : salades, soupes et potages, viandes, poissons, œufs, légumes, pâtes et riz, sauces, desserts.

Attention, certaines nécessitent pas mal d'habileté.

Les bonnes recettes de nos
grands-mères ☆☆☆☆

2077

http://cafe.rapidus.net/mibernar/

Des centaines de recettes de nos grands-mères.

Excellente présentation. Beaucoup de recettes simples, pratiques et utiles.

Les bons p'tits plats et desserts ☆☆☆☆

2078

http://perso.wanadoo.fr/mmg/index.htm

Des potages aux desserts, en passant par les viandes et les poissons.

*Des recettes pratiques, faciles et bien présentées. Un site agréable
à consulter.*

Les Cahiers de la Gastronomie Créole ☆☆☆

2079

http://surf.to/kj971/

Une quarantaine de recettes de punchs, hors-d'œuvre, plats de résistance,
desserts ou goûters pour composer soi-même un vrai repas antillais. De
nombreuses photos.

*Des recettes assez simples. Les amateurs de cuisine exotique ou créole
prendront plaisir à parcourir ce site. Il faut cependant être en mesure
de s'approvisionner dans les boutiques spécialisées.*

Les carnets gourmands de Benoît Regues ☆☆☆

2080

http://www.multimania.com/cuisiner/

Les ateliers découvertes du chef Benoît Regues, à l'École hôtelière de
Béziers. La cuisine méditerranéenne illustrée pas à pas. Le savoir-faire
pour mieux recevoir. Initiation au plaisir de la table.

Une façon intéressante d'apprendre.

Les Cercles de fermières du Québec ☆☆☆

2081

http://www.cfq.qc.ca/menu_cfq.htm

Parmi leurs nombreuses activités, les fermières réservent une place
spéciale à la cuisine.

*On se serait attendu à plus de recettes que cela. Mais elles sont faciles
et bien présentées. Les mesures impériales et métriques sont utilisées.*

Les gourmandises d'Éric ☆☆☆☆☆

2082

http://perso.wanadoo.fr/alferic/recette.htm

Plus de 1500 recettes de desserts, chocolats, bonbons, gâteaux, tartes, crèmes, glaces, fruits, compotes, soufflés, flancs etc. Un tableau des équivalences et conversions.

> *Présentation rapide et efficace. Incroyable! Les gourmands vont succomber.*

Les œufs dans votre assiette ☆☆☆

2083

http://www.canadaegg.ca/francais/recipes/recipes.html

Un site spécialisé sur les œufs.

> *Plusieurs recettes intéressantes.*

Les pages Cuisine d'Andrzej ☆☆☆

2084

http://www.multimania.com/botzaris/

Des recettes polonaises de plats, légumes et desserts. Quelques recettes françaises.

> *Une page personnelle intéressante qui offre quelques recettes typiquement polonaises assez faciles à concocter. Ne pas manquer le réveillon de Noël polonais.*

Les recettes de Nice-Matin ☆☆☆☆

2085

http://www.nicematin.fr/journal/gastro/pages/somrecette.html

Une cinquantaine de recettes. Surtout des plats principaux.

Les recettes à l'érable ☆☆☆

2086

http://www.mlink.net/~brit/erable/Default.htm

Une trentaine de recettes à partir des produits de l'érable.

> *On y trouve la recette originale de la tarte au sirop d'érable.*

Les recettes au chocolat ☆☆☆☆

2087

http://www.michel-galloyer.fr/choc.htm

Des informations sur le chocolat. Plusieurs recettes au chocolat mais aussi des entrées, légumes, plats principaux, poissons, viandes, sauces, salades.

Des recettes simples et attrayantes.

Les recettes d'Antoine Graslan ☆☆

2088

http://www.infini.fr/~agraslan/cuisine.html

Plus de 80 recettes : entrées, plats de résistance, desserts.

Quelques recettes sont originales.

Les recettes d'Anthony Cross ☆☆

2089

http://www.multimania.com/cross/anthony/fr/recettes/

Quelques recettes seulement.

Certaines recettes, assez originales, méritent qu'on les consulte.

Les recettes de Dédette ☆☆

2090

http://www.lpce.com/guadeloupe/recettes.html

Des recettes de la Guadeloupe : punch, langouste à l'ail, accras de morue, bananes flambées.

Les recettes de Fabien Galichon ☆☆☆☆

2091

http://www.multimania.com/fabiengalichon/

Plus d'une centaine de recettes : légumes, viandes, poissons, desserts, sauces et boissons.

À 15 ans, Fabien nous offre une gamme étoffée d'excellentes recettes. À visiter.

Les recettes de Mathieu Arnold ☆☆

2092

http://www.multimania.com/arn/cuisine/

Une douzaine de recettes dont une majorité de desserts.

Les recettes de Moumone ☆☆

2093

http://perso.wanadoo.fr/rimoo/cuisine.htm
Une quinzaine de recettes.

La recette de citronnade est à consulter.

Les recettes de nos chefs ☆☆☆

2094

http://www.blanc.net/fr/recette.html
Une quinzaine de recettes classiques.

Plusieurs recettes relativement faciles.

Les recettes de Paul Prédault ☆☆☆

2095

http://www.paul-predault.com/mousson/
Des recettes gastronomiques.

Des recettes qui demandent une certaine habileté.

Les recettes de Sophie ☆☆

2096

http://www.multimania.com/sophie/Francais/cuisine/cuisine.html
Une trentaine de recettes salées et sucrées.

Quelques recettes originales.

Les recettes de Tante Rose ☆☆☆

2097

http://www.espace-francophone.com/sites/quebec/tante_rose/index.html
Une vingtaine de recettes québécoises.

Des recettes authentiques parfois excellentes.

Les recettes du Club Tdl ☆☆☆☆

2098

http://perso.wanadoo.fr/club.tdl/
Des recettes de toutes sortes : abats, agneau, bœuf, charcuterie, dessert,
gibier, légumes, mouton, poisson, porc, salades, sauces, soupes, veau,
volaille. Chaque recette est accompagnée d'une suggestion de vin.

Présentation alerte et vive. Bien fait.

Les recettes du Bulletin des agriculteurs ☆☆☆☆ 2099

http://lebulletin.com/recettes/

On y parle agneau, bœuf, poissons, porc, desserts, légumes, pâtes, soupe et volaille.

Plusieurs excellentes recettes faciles et originales.

Les recettes gourmandes de Titi ☆☆☆☆ 2100

http://www.multimania.com/titititi/

Il y a bien des recettes d'osso buco et de quiche… mais ce sont les desserts qui l'emportent.

Un site fait pour les gourmands et les amateurs de pâtisseries !

Les recettes Kraft ☆☆☆ 2101

http://kraftfoods.com/canada/french/html/index.html

Un grand nombre de recettes dans tous les domaines. Vous pouvez aussi créer votre propre fichier de recettes.

Un excellent site sur la cuisine rapide. Facile à utiliser. Beaucoup d'informations nutritionnelles. Des renseignements pertinents sur la préparation et le niveau de difficulté des recettes.

L'Escale ☆☆☆☆☆ 2102

http://www.chen.qc.ca/Default.htm

La cuisine chinoise : soupes, entrées, riz et nouilles, poisson, bœuf, volaille, porc, sauces. De nombreuses photos agrémentent les textes. Un lexique et des conseils sur le maniement des baguettes complètent le tout.

Un site merveilleux. Une présentation dynamique.

Lodace ☆☆☆ 2103

http://www.lodace.com/index.htm

Environ 150 recettes : des anciennes, des rapides, des classiques. La cuisine du monde.

Mieux vaut avoir un brin d'expérience avant de s'aventurer dans ces recettes.

Ma Cuisine Végétarienne gourmande ☆☆☆☆

2104

http://www.multimania.com/mermoz/cuisine/

Tout sur la cuisine végétarienne.

> *Si vous êtes végétarien, si vous pensez le devenir ou si tout simplement vous souhaitez manger sainement, allez voir ce site.*

Ma Grand'Mère m'a dit... ☆☆☆

2105

http://www.lodace.com/grandmer/grandmer.htm

Plus de 200 recettes sur des thèmes variés.

> *On se doit d'aller y faire un tour.*

Mamers Recettes ☆☆☆☆

2106

http://www.multimania.com/mamers/

La cuisine de l'Ouest de la France. On nous offre une grande diversité de produits de cette région.

Marmiton.org ☆☆☆☆☆

2107

http://www.marmiton.org/

Plus de 11 000 recettes vous attendent sur ce site. Les recherches se font par mots clés.

> *Ce site a été développé par Christophe Duhamel et Olivier Aboilard, à partir d'une base de données réalisée par Jean-Bernard Verot d'après des recettes fournies par Alexandre Pukall.*

Mes recettes ☆☆☆

2108

http://www.odyssee.net/~drassel/jg.html

Un site présenté par les Producteurs laitiers du Canada. Toutes sortes de recettes : légumes, viandes, fromages, desserts, etc. Les produits laitiers sont bien sûr à l'honneur.

> *Une présentation originale.*

Mes recettes préférées ☆☆ 2109

http://macuisine.ifrance.com/macuisine/

Seulement quelques recettes sur ce site mais toutes sont faciles et économiques.

À consulter, l'escalope au Marsala !

Miam Miam ☆☆☆☆ 2110

http://www.miam-miam.com/

De nombreuses recettes… de l'entrée au dessert. Beaucoup d'informations. Une petite encyclopédie de la table et du goût.

Site très intéressant. Des recettes relativement faciles.

Page personnelle de Lucie ☆☆☆ 2111

http://www.multimania.com/lucia/recettes/index.html

Une vingtaine de recettes. Viandes, notamment un tajine de poulet aux pruneaux, entrées, sauces, poissons, desserts. Plusieurs recettes inédites.

Les recettes sont bien présentées. Consultation rapide. Un site à voir.

Passion Cuisine ☆☆☆☆ 2112

http://www.revsports.com/passioncuisine/

Plus de 1 500 recettes. On y passe toute la gamme des plats. De la haute gastronomie à la cuisine simple et express.

Une présentation dynamique. Recherche par mots clés.
Un site bien conçu.

Paulo et Gaëlle cuisinent ☆☆☆ 2113

http://perso.wanadoo.fr/paulo-w/cuisine/index.htm

Poissons, crustacés, volailles et viandes. Des recettes, des conseils et des trucs.

Des recettes faciles et bien présentées.

Poissons, coquillages & crustacés ☆☆☆☆

http://www.multimania.com/krogen/accueil.html

Des conseils pour cuisiner les produits de la mer et une sélection de recettes.

> *De bonnes et intéressantes recettes anciennes servies à la mode d'aujourd'hui.*

2114

Quelques recettes simples ☆☆☆

http://myplace.to.be/vincent/poupicui.htm

Vincent a 11 ans et il nous livre ses secrets culinaires.

2115

Réception France ☆☆☆

http://www.receptionfrance.com

Des chefs prestigieux nous offrent de grandes recettes françaises. Entrées, poissons, viandes, et volailles.

> *Pour ceux et celles qui connaissent bien la cuisine.*

2116

Recette de mirabelles ☆☆☆

http://www.mirabelles-de-lorraine.com/f/recettes.htm

Une cinquantaine de recettes où les mirabelles sont en vedette.

> *De bonnes recettes. La mirabelle est un fruit tellement délicieux.*

2117

Recettes à la Cataroise ☆☆

http://members.aol.com/cataroise/recettes.htm

Une vingtaine de recettes. La grande cuisine, les bons desserts et les cocktails. L'histoire de la Cataroise du Comte de Fontseranne.

> *Quelques recettes intéressantes.*

2118

Recettes d'autrefois ☆☆☆☆

2119

http://www.geocities.com/Paris/Metro/3238

Près de 600 recettes d'autrefois : soupe de grenouilles, recettes d'une arrière-grand-mère copiées dans un petit cahier noir daté de 1884, etc. Entrées et soupes, viandes, légumes, poissons, sauces, desserts et conserves.

Beaucoup d'informations pratiques. Une présentation agréable. On passe de bons moments sur ce site.

Recettes de cuisine ☆☆

2120

http://perso.wanadoo.fr/alexandre.jacquot/recettes.htm

Alexandre Jacquot présente une vintaine de recettes.

À ne pas manquer, les œufs à la neige.

Recettes de cuisine d'Elisabeth ☆☆☆

2121

http://www.cur-archamps.fr/edres74/ecoles/ienthon/acrecett.htm

Quelques desserts pour les élèves de maternelle : pommes au four, gâteau roulé, compotes, etc.

Recettes de cuisine parmi les meilleures, celles de nos grand-mères ☆☆☆

2122

http://www.multimania.com/zigus/recettes/recettes.htm

Un vaste choix de recettes pour tous les goûts. Des entrées aux plats principaux en passant par les légumes, le gibier, la volaille, etc.

Des recettes assez simples. Une présentation facile.

Recettes de cuisine réunionnaise ☆☆

2123

http://www.guetali.fr/home/creole/cuisine.htm

Une douzaine de recettes.

Si vous avez le goût d'une cuisine différente.

Recettes de dindon ☆☆☆

http://www.canturkey.ca/fr/

Une sélection de recettes de dindon.

> *Si vous aimez le dindon, il faut pointer sur ce site, il y a d'excellentes recettes.*

2124

Recettes de la mer ☆☆☆☆

http://www.chez.com/gilber/index.html

Plus de 700 recettes : crevettes, moules, caviar et saumon.

> *Si vous manquez d'imagination, consultez vite ce site, vous serez comblés.*

2125

Recettes de l'Authentique
en Pays Basque ☆☆☆☆

http://www.lhotellerie.fr/lhotellerie/Recettes/Epicuriennes/E_2630_09_Septembre_1999.htm

Une quinzaine de recettes-menus.

> *Il faut savoir cuisiner avant de s'aventurer dans de telles réalisations. Présentations agréables.*

2126

Recettes de pêche ☆☆☆

http://www.multimania.com/honet/recettes.htm

Des recettes d'anguille, de brochet, de carpe, de gardon, de perche, de tanche et de truite.

> *À ne pas manquer, le ragoût d'anguilles.*

2127

Recettes de poireaux ☆☆☆

http://www.cultures.qc.ca/produits/nouveaute/index.html

Huit recettes de poireaux.

> *Je vous suggère le coulis chaud de poireaux concassés, un accompagnement original pour transformer en festin votre cuisine de tous les jours.*

2128

Recettes de poissons ☆☆☆☆

 2129

http://www.generation.net/~toutptit/recettes.html

Des recettes de poissons de lacs et de rivières.

De très bonnes recettes. Un site à visiter.

Recettes de veau ☆☆☆

2130

http://www.lesvitelliers.fr/sommCuis.html

Des recettes de veau.

Si vous êtes un amateur de veau, ce site répondra à vos besoins.

Recettes diététiques ☆☆☆

2131

http://perso.club-internet.fr/fderad/

Des menus minceur en ligne.

Un site conçu à l'intention de tous ceux qui désirent avoir une alimentation saine et équilibrée, que ce soit dans le cadre d'un régime ou pour se maintenir en forme.

Recettes du Périgord noir ☆☆

2132

http://perso.wanadoo.fr/stephane.marliac/cuisine/lagastro.htm

Seulement quelques recettes, mais elles sont authentiques.

On souhaite que Stéphane en ajoute d'autres.

Recettes du Bassin d'Arcachon ☆☆☆

2133

http://www.a2bis.com/aabis/francais/sommaire/hommes/framegas.htm

Une dizaine de recettes de la mer.

Des recettes tout à fait sublimes.

Recettes du Chef... ☆☆☆☆

http://www.le-gourmet.com/index-fr.html

La cuisine française à travers ses régions. Des recettes traditionnelles et des circuits gastronomiques.

Un site bien conçu. Les explications sont claires, la présentation est soignée. Quelques recettes difficiles, mais dans l'ensemble on y arrive.

Recettes Familex ☆☆☆

http://www.geocities.com/~klodet/familex/familex.htm

Le livre de recettes traditionnelles québécoises édité par les produits Familex.

Bien des mères québécoises ont utilisé ce livre de recettes dans le passé.

Recettes familiales de Sylvie Fortune ☆☆

http://perso.wanadoo.fr/fortune.family/cuisine/accueil.htm

Une vingtaine de recettes.

Certaines recettes sont fort intéressantes.

Recettes françaises ☆☆☆☆

http://membres.tripod.fr/corsica/index-22.html

Tout sur la cuisine. Plus de 1 500 recettes : viandes, poissons, crustacés, desserts, salades, etc.

Un site qui se renouvelle rapidement. Une présentation simple et claire. Pour les cordons-bleus moyens.

Recettes italiennes ☆☆☆☆

http://www.guetali.fr/home/elebarbu/

Des recettes d'Italie : pizzas, viandes, volailles, poissons, traditionnelles, etc.

Un site bien présenté. Des recettes pratiques et souvent rapides.

Recettes marseillaises ☆☆

2139

http://www.integra.fr/marseille/recettes.html

Une douzaines de recettes.

Allez voir la recette de la bouillabaisse, écrite en vers…

Recettes marseillaises et provençales ☆☆☆

2140

http://perso.wanadoo.fr/gaby.om/cadrerecette.htm

Un vaste choix de recettes de tous les genres.

Des recettes assez faciles et pratiques.

Recettes Paul Bocuse ☆☆☆

2141

http://www.epicuria.fr/recette/index.htm

Des recettes de base, des entrées, œufs, légumes, poissons, crustacés, viandes, desserts sans oublier les fromages et les boissons.

Certaines sont faciles, pour d'autres… attachez vos tabliers !

Recettes pour diabétiques ☆☆☆

2142

http://home.nordnet.fr/~pwesteel/

Toutes sortes de recettes, même des desserts n'apportant pas de glucides ou peu.

Recettes québécoises de gibier ☆☆☆☆

2143

http://www.epicuria.fr/partenaires/recanada.htm

Des recettes de gibier à plume, de caribou, de petit gibier, de poisson et d'orignal.

D'excellentes recettes bien présentées. Un site à conserver dans vos signets.

Recettes savoyardes ☆☆☆

http://www.multimania.com/savoyarde/recettes_fr.htm

Des recettes de fondues, de raclettes, etc.

De bonnes recettes pratiques.

2144

Recettes Studio Coop ☆☆☆☆

http://www.coop.ch/f/RezeptDB/index.htm

Une sélection de recettes d'un maître queux. La cuisine rustique, de fête, internationale, de saison, végétarienne.

Une présentation tout a fait originale.

2145

S A Q ☆☆☆☆☆

http://www.saq.com/

Site de La Société des Alcools du Québec. On y retrouve tous les produits vendus au Québec, des informations, des nouvelles, etc.

Un site incontournable. Extrêmement bien conçu, alerte, mis à jour régulièrement. Indispensable.

2146

Saveurs de Norvège ☆☆☆☆

http://odin.dep.no/ud/publ/97/nortaste/fr/ocean.html

Les spécialités culinaires de Norvège.

Des recettes faciles et pratiques.

2147

Saveurs du Monde ☆☆☆☆☆

2148

http://saveurs.sympatico.ca/index.htm

Encyclopédie culinaire. Près de 900 recettes classées en ordre alphabétique par produits, par pays, accompagnées d'un résumé de leurs traditions culinaires, ou par chefs. Une sélection de restaurants de différents pays. Une liste des épiceries spécialisées des grandes villes du monde. Des trouvailles et des trucs pratiques. Recevoir à la mode des 5 continents. Recettes pour petits chefs. Comment cuisiner sur un bateau. Des conseils santé. Entrevues avec des chefs. Mise à jour mensuelle.

> *Site très intéressant, un des plus important en langue française. De nombreuses illustrations et une multitude de liens agrémentent la visite.*

Service Vie ☆☆☆☆

2149

http://www.servicevie.com/

Retrouvez toute l'actualité de la gastronomie et de l'art culinaire, des centaines de recettes, des concours, des dossiers hebdomadaires, des conseils et des trucs culinaires, un guide des aliments ainsi qu'une rubrique sur la santé.

Spécialement pour vous mesdames ☆☆

2150

http://www.ivic.qc.ca/dames/recette.html

Un site offrant plusieurs liens vers des sites de recettes.

> *Bien que plusieurs liens soient en anglais, on peut trouver des choses intéressantes. Attention, quelques liens n'ont pas été mis à jour.*

Tradition culinaire du Vietnam ☆☆☆

2151

http://www.philagora.net/adaly/art-viet.htm

Une vue d'ensemble des traditions culinaires du Vietnam. On y retrouve six recettes, dont les rouleaux de printemps. Une liste des principaux ingrédients que l'on emploie dans cette cuisine.

Un avant-goût bourguignon ☆☆☆☆

 2152

http://perso.wanadoo.fr/bourgogne/index.html

Des recettes pour composer un menu typiquement bourguignon, de l'apéritif au dessert. Une visite virtuelle appétissante ! Il y a peu de recettes, mais quelles recettes ! Allez jeter un coup d'œil à celle des Poires Dijonnaises. Sublime !

Une petite page de recettes ☆☆☆

2153

http://www.multimania.com/tarzoune/index.shtml

Une cinquantaine de recettes de plats principaux et de desserts.

Faciles et économiques.

Végétariennes, végétariens à vos tabliers ☆☆☆☆

2154

http://arrs.envirolink.org/francoveg/recettes/index.html

Plusieurs recettes pour tous les goûts.

Un site à voir. Présentation agréable. Des recettes faciles à faire.

*Notes*_____

_____

_____

_____

_____

_____

_____

_____

_____

PARTIE III

*Les vins,
les alcools,
les bières*

À boire!

2155

http://www.aboire.org/

Un club d'amateurs de vin. Intéressant et amusant.

À la découverte du champagne

2156

http://perso.club-internet.fr/mcl/champindex.htm

Pour les amateurs de champagne : histoire, fabrication, territoire, étiquette, taille de la bouteille, appellations, dégustation, millésimes, quelques menus fins de repas au champagne.

Annuaire des Villes et Villages de la zone « Appellation Champagne »

2157

http://www.citeweb.net/villages/

Un site entièrement consacré au Champagne et à la Champagne.

Antonin Rodet

2158

http://www.antoninrodet.com/

Un ensemble unique de domaines en Bourgogne... Domaine de Rodet, Château de Chamirey, Château de Rully, Domaine J.Prieur, etc.

Association des vignerons du Québec

2159

http://www.vignerons-du-quebec.com/

Sur la route québécoise des vins, on fait des rencontres surprenantes et intéressantes.

Bordeaux

2160

http://www.bordeaux.cc/

Gastronomie, caves et vins.

Bordeaux-Hongrie

2161

http://www.chateauxassocies.com/welcome_f.htm

Groupement de vignobles de Bordeaux et de Hongrie.

Champagne de Castellane Epernay

2162

http://www.castellane.com/fr/

Une affaire de famille.

Champagne Jacquart

2163

http://www.jacquart-champagne.fr/

Une société et des produits à découvrir.

Champagne Leroux-Mineau

2164

http://www.nc-consult.com/leroux/

Historique du champagne, présentation des différents crus.

Champagne Mumm

2165

http://www.champagne-mumm.com/sommaire.htm

Histoire et gastronomie. L'élaboration des champagnes.

Champagne Pommery

2166

http://www.pommery.fr/

Actualités, champagnes, domaine, presse et diffusion de la marque dans le monde.

Chapelle Sainte-Agnès

2167

http://www.acbm.qc.ca/explorage/agnes.htm

On parle de vin de glace, de cépages nobles et de vendanges tardives. Une histoire merveilleuse à lire... et à goûter. D'autant plus qu'il s'agit d'un vignoble situé au Québec. Un endroit de toute beauté.

Chardonnay

2168

http://www.chardonnay-du-monde.com/

En savoir plus sur Chardonnay du Monde.

Château de Crain

2169

http://www.chateau-de-crain.com/

Producteur d'Entre-Deux-Mers et de bordeaux supérieur.

Château de Lucey

2170

http://www.epicuria.fr/lucey/

Le vin d'un domaine de Savoie, issu d'un cépage chypriote.

Château du Hureau

2171

http://www.domaine-hureau.fr/

Philippe et Georges Vatan nous invitent à découvrir leurs cuvées de Saumur-Champigny et Saumur blanc.

Château Haut-Brion

2172

http://www.chateau-haut-brion.tm.fr/map/indexfr.htm

L'histoire, visite virtuelle du château, secrets de la vinification, millésimes depuis 1899.

Château Lafite Rotschild

2173

http://www.lafite.com/

L'historique, les vins et le vignoble.

Château Latour

2174

http://www.chateau-latour.fr/

L'histoire, le vignoble, son équipe et ses vins.

Château Moncontour

2175

http://www.moncontour.com/france/index.htm

Faites connaissance avec les grands vins de Vouvray de Château Moncontour.

Château Pontet-Canet

2176

http://www.pontet-canet.com/

Histoire de ce grand cru classé en 1885.

Châteauneuf-du-Pape

2177

http://www.vaucluse.com/chateauneuf-du-pape

Découverte de ce fameux vignoble par le serveur Vaucluse, en partenariat avec le comité de promotion des vins.

Chronique de vin

2178

http://lapresse.infinit.net/sortir/vins.html

La chronique sur les vins de Jacques Benoit de *La Presse*.

Conseil interprofessionnel des vins d'Alsace (CIVA)

2179

http://www.vinsalsace.com

Histoire, route des vins, cépages, appellations et mentions, production, vignoble, ventes, quiz et professionnels.

Couly-Dutheil

2180

http://www.coulydutheil-chinon.com/

Les vins de Chinon et comment les boire.

Domaine Rolet, père et fils

2181

http://www.rolet-arbois.com/html/accueil.html

Présentation de ce domaine viticole du Jura, de la famille et des vins.

En abrégé

2182

http://www.abrege.com/

Tous les bons vins de France et du monde entier. 200 pages Web.

Entre Deux Mers

2183

http://www.baron-espiet.com/presentation.html

Situés au cœur de la Gironde, dans la région vallonnée de l'Entre-Deux-Mers (entre les rivières Dordogne et Garonne), des producteurs nous présentent leurs produits.

Et le Champagne...

⌖2184

http://perso.wanadoo.fr/damien.harlaut/champagne/french/index.htm

Découvrez l'histoire du champagne, ses vignobles et surtout les techniques de fabrication de ce vin prestigieux. Vous pourrez également poser des questions.

Guilbaud Frères

⌖2185

http://www.guilbaud-muscadet.com/

Vins de Muscadet récoltés sur les coteaux de la Sèvre et de la Maine.

Henri Maire au Château de Montfort

⌖2186

http://www.henri-maire.com/

Présentation de la société, des différents domaines, des cépages, du vignoble, et de la vigne historique de Louis Pasteur. Quelques bonnes recettes.

Histoire de vin

⌖2187

http://pages.infinit.net/flamand/vin/

Michel Flamand nous présente l'histoire du vin, ses suggestions de vins ainsi que les caractéristiques de certains cépages.

Hospices de Beaune

⌖2188

http://www.beaune.com/

Un vin d'appellation d'origine contrôlée.

In Vino

⌖2189

http://www.cam.org/~invino/

Pour découvrir les vins roumains et slovènes.

Inter Vins

2190

http://www.intervins.fr/
À la découverte des vins de l'Yonne.

La Cataroise

2191

http://defense.fr.fortunecity.com/commercants/0/index.htm
La Cataroise est un vin de dessert ou un apéritif qui se boit très frais, voire glacé. Elle accompagne les bons melons, s'associe au foie gras et aux grandes cuisines, au roquefort, aux gâteaux.

La confrérie Iacchos

2192

http://www.iacchos.com/
Un cercle d'amateurs passionnés par l'art du vin et la dégustation. Regroupe également les utilisateurs du logiciel Bacchus Senior© que les connaisseurs ont choisi pour gérer leurs caves.

La cybercave

2193

http://www.lacave.ch/lacave/fr/index.html
Des informations sur plus de 2000 vins.

La maison Drouhin

2194

http://www.drouhin.com/fr/ste/index.html
Site intéressant sur le vin de bourgogne.

La route des vins

2195

http://www.nucleus.fr/ntmm/rdvins.html
Au pied des châteaux forts qui vous racontent le Moyen Âge, un paysage où naissent des légendes. La Route des vins d'Alsace, une voie romaine qui traverse un grand vignoble.

La route touristique du Champagne

2196

http://www.marisy.fr/cote_des_bar/homepage.htm

Une visite virtuelle des caves.

L'Alsace

2197

http://fr.msn.com/redir/link_go.asp?url=http://users.skynet.be/alsace-terroir/

Deux jeunes belges passionnés par l'Alsace définissent les caractéristiques olfactives et gustatives des cépages alsaciens.

Le Beaujolais

2198

http://www.beaujolais.net/fra/page.htm

L'histoire, les vins, des recettes. Allez voir la recette traditionnelle du Coq au Vin. Site intéressant.

Le Château d'Yquem...

2199

http://chateau-yquem.fr/french/history/

On visite (sans frais) ce vignoble prestigieux.

Le Jurançon

2200

http://perso.wanadoo.fr/jurancon/lejurancon

La route des vins du Jurançon.

Le Muscadet

2201

http://

Le muscadet est un vin qui se boit jeune.

VINS

Le Net plus ultra
2202

http://www.vins-france.com/

Des vins de France à découvrir ou à redécouvrir.

Le Salon Mondial des vins
2203

http://www.vinexpo.fr/99/

Un site à visiter… si vous n'allez pas à Tokyo en 2000.

Le serveur des Vins de Bourgogne
2204

http://www.bourgogne.net/vins/accueil.html

Chablis Grand Cru, Gevrey-Chambertin, Puligny-Montrachet, Mercurey, Pouilly -Fuissé et bien d'autres appellations vous attendent.

Le site de la Confédération Nationale des Caves Particulières (CNCP)
2205

http://www.caves-particulieres.com/

Les Caves Particulières, ce sont plus de 10 000 vignerons indépendants dans toutes les régions et appellations viticoles de France.

Le vin de Porto
2206

http://www.port-wine.com/

Site sur le porto : son origine, son mode de production.

Les Amitiés bachiques
2207

http://www.generation.net/~phaneuf/amitbach.htm

Ce club, fondé en 1978 par Michel Phaneuf, est le plus important regroupement de vinophiles du Québec.

Les Bouteiller

http://www.bacalan.com/

Vins du Haut-Médoc : châteaux Lanessan, Lachesnaye et Saint-Gemme.

2208

Les grands vins d'Alsace

http://ns1.rmcnet.fr/sparr/

Le vignoble de la famille Sparr.

2209

Les vins Cordier

http://www.cordier-wines.com

Une belle histoire à suivre.

2210

Les vins Corse

http://www.internetcom.fr/corsica/fr/discov/prod/vins.htm

Des cépages « pas comme les autres ».

2211

Les vins de Bordeaux...

http://www.vins-bordeaux.fr/

La plus grande région viticole au monde présente ses 12 000 vins, répertoriés sur une base de données. Vous vous enivrerez rien qu'à parcourir ce site.

2212

Les vins de Touraine

http://www.univ-tours.fr/vins.html

Pour mieux connaître cette régions vinicole.

2213

Les Vins du Médoc

2214

http://www.vins-medoc.com

Situé dans le sud-ouest de la France, le Médoc possède quelques grands crus de vin rouge : on dénombre 8 appellations d'origine contrôlée et plus de 800 crus. Découvrir cette presqu'île, ses vignes et ses 80 kilomètres de plages généreusement ensoleillées est un plaisir de connaisseurs.

Les vins et caves de France

2215

http://www.franceguide-vins-caves.com/

Ce guide national des vins et caves de France va vous permettre de découvrir au gré de votre visite les plus grands châteaux comme les petites propriétés.

L'Esprit du vin...

2216

http://www.enology.net/

Mis en place par un groupe d'amis œnologues, ce site a pour ambition de vous faire partager leur passion du vin et de l'art de vivre à la française.

MacVine

2217

http://macvine.infinit.net/index-a1.htm

Superbe site québécois consacré au vin.

Pineau de Charentes

2218

http://perso.wanadoo.fr/blabbe/page4.htm

Pour tout savoir sur cet apéritif.

Porto

2219

http://www.ivp.pt/fr/Default.htm

L'Institut du vin de Porto donne des informations sur le vignoble de Porto : histoire, organisation économique du secteur, commercialisation, etc.

Saint-Émilion

2220

http://www.saint-emilion.com/

Le site des vins de Saint-Emilion.

Syndicat des producteurs de l'AOC Saumur-Champigny

2221

http://www.producteurs-de-saumur-champigny.fr/

Site regroupant les producteurs de vin d'appellation d'origine contrôlée Saumur-Champigny.

Une science à découvrir

2222

http://member.aol.com/flashdis/degust.htm

La dégustation est la science de la mesure et de l'interprétation des sensations. Un site qui nous offre une initiation à la dégustation en 10 minutes.

Veuve Clicquot

2223

http://www.veuve-clicquot.fr/

Une fabuleuse histoire qui a débuté en 1772.

Vignoble de l'Orpailleur

2224

http://www.orpailleur.ca/

Le très beau site d'un vignoble québécois reconnu. Ne manquez pas la route des vins qui présente tous les vignobles de la Montérégie et de l'Estrie.

Vignoble Le Cep d'Argent

2225

http://www.cepdargent.com/

Un vignoble situé à Magog et ouvert toute l'année.

VINS

Vin de Bourgueil
2226

http://members.aol.com/emeslet/Bourgueil

Histoire du tire-bouchon et de l'appellation Bourgueil.

Vins de Gaillac
2227

http://www.vins-gaillac.com/frm01.html

Présentation, histoire, professionnels de cette région viticole du sud-ouest de la France.

Vins « Côtes du Rhône »
2228

http://www.rhone-wines.com/VRFrancais/StructureSommaire.html

Pour tout connaître sur la vallée vinicole du Rhône: chiffres, producteurs, négoçiants, les appellations, etc.

Vins Australiens
2229

http://www.wine-reporter.com/html/french/vinsaustralien/1/main.htm

Un excellent reportage photographique sur les vins australiens.

Vins d'Alsace Herr
2230

http://www.nsrv.com/vins-d-alsace-herr/

Un viticulteur spécialiste de sept cépages et du Klevener de Heiligenstein. Un guide des vins d'Alsace à table.

Vins de la Slovénie
2231

http://www.cam.org/~invino/Slovenia.html

Découvrez les vins de ce pays, voisin de l'Autriche et de l'Italie, que l'on surnomme « la Petite Suisse ».

Vins de Provence

2232

http://www.vins.enprovence.com/cartevin.html

Carte des vins, histoire de la vigne, musées, vendanges, et liste des producteurs vinicoles de la région.

Vinum Export

2233

http://www.vinumexport.fr/gazette/fr_gazet.html

Un très bon site à visiter. De bonnes informations et la route des vins.

Viticulteurs à Santenay

2234

http://www.mestre-pere-et-fils.fr/frame1.htm

Gérard, Michel et Gilbert Mestre vous proposent de vous faire partager la passion de leur métier et de vous faire apprécier la qualité de leurs crus.

Vitis Vinifera

2235

http://www.chez.com/bibs/index.html

À voir. Un des très bons sites sur le vin. On peut y apprendre beaucoup de choses.

*Notes*_____

_____

_____

_____

_____

_____

_____

_____

Armagnac

2236

http://www.123voyage.com/realsw/fr/magazin/arm.htm

L'armagnac, la plus vieille eau-de-vie du monde, est moins connu que le cognac, mais il est très estimé par les connaisseurs.

Bénédictine

2237

http://www.benedictine2000.com/

Tout savoir sur cette liqueur.

Cidrerie Michel Jodouin

2238

http://www.cidrerie-michel-jodoin.qc.ca/

Une cidrerie québécoise qui, depuis 1988, offre une grande variété de cidres.

Cocktails

2239

http://ourworld.compuserve.com/homepages/S_Grialet/menutfcc.htm

Un site spécialisé dans les cocktails. Plus de cent recettes pour tous les goûts.

Cognac Web

2240

http://www.cognacweb.com/indexfr.html

Des informations très pertinentes sur le cognac et de nombreux liens.

Cognac World

2241

http://www.cognac-world.com/

Le vignoble, les producteurs, l'élaboration et la dégustation du cognac. Un site intéressant.

La crème de Cassis

2242

http://www.briottet.com/

Pour tout savoir sur le sujet.

La Griottine

2243

http://www.gallery.uunet.be/Griottine/index.html

Un apéritif belge.

La maison du Whisky

2244

http://www.maisonduwhisky.fr/mwf/index1.htm

Par un spécialiste et pionnier du whisky en France depuis 1956.

L'art du cocktail

2245

http://www.chez.com/lusitain/

Des conseils généraux et d'innombrables recettes répertoriées selon leur élément dominant. Des préparations chaudes et des cocktails sans alcool. Un éclairage historique et sociologique qui ne manque pas de saveur.

Le Cassis

2246

http://www.cassis.com/indexfr.html
Un digestif merveilleux.

Le monde du Cognac

2247

http://www.cognac-world.com/index.html
Les producteurs et l'actualité. De plus, on y trouve d'excellentes recettes.

Le Scotchwhisky

2248

http://www.scotchwhisky.com/francais/index.htm
Un site Écossais réalisé en collaboration avec Charlie Mclean, expert en whisky. Des informations détaillées concernant cette boisson et une rubrique « Dégustation » qui compare les différentes marques.

Le site de Grand Marnier

2249

http://www.grand-marnier.com/gmv1/fr/frame.htm
Beaucoup d'informations et des recettes.

Maison Gélas

2250

http://www.gelas.com/
Un site d'un producteur d'armagnac depuis 1865.

Rhum

2251

http://www.mca-wine.com/Spirits-online/html/french.htm
Les Rhums Santa Teresa.

Rhum agricole

2252

http://www.rhumagricole.com/fr/accueil.html

Site des producteurs de rhum antillais. On y trouve notamment une histoire de la canne à sucre.

Rhum Clément

2253

http://www.rhum-clement.com/

Site d'un producteur de la Martinique.

Rhum Damoiseau

2254

http://www.damoiseau.net/

Site d'un producteur de la Guadeloupe. Présentation et vente de produits.

Rhum Saint-James

2255

http://www.rmsj.fr/

Site d'un producteur martiniquais. Quelques recettes de cocktails.

Ricard

2256

http://www.ricard-sa.com/

Présentation de l'entreprise Ricard.

Spiritueux et Liqueurs des Alpes

2257

http://www.distillerie-des-aravis.fr/

Présentation et vente de liqueurs des Alpes.

Un coup...

2258

http://www.whisky-time.ch/ABC.html

Un coup d'œil sur l'ABC du whisky.

LES
BIÈRES

Bières Belges

2259

http://www.guepe.com/biere/
Un site intéressant sur ces fameuses bières.

Boréale

2260

http://www.boreale.qc.ca/fr/index.html
Une des micro-brasseries québécoises les plus dynamiques présentées sur
le Web.

L'encyclopédie des bières

2261

http://www.multimania.com/gamin/noframe/main.html
Plus de 25 recettes à la bière et beaucoup d'informations.

La bière

2262

http://www.amstein.ch/culture.htm
L'histoire de la bière.

Le GBB est sur le Net

2263

http://members.tripod.com/~sky41000/
Si la bière vous dit quelque chose, allez sur ce site sans tarder.

Les brasseries Kronenbourg

2264

http://www.brasseries-kronenbourg.com/home_first.html

Êtes-vous un kronenbourgeois ?

Micro-brasserie au Québec

2265

http://www.unibroue.com/

Pour tout savoir sur l'une des plus intéressantes micro-brasseries québécoises. La section « Cuisine d'Unibroue » vous permettra de découvrir la cuisine à la bière.

Monsieur Bière

2266

http://www.monsieur-biere.com/

Plus de 800 références de bières de 40 pays.

Si vous aimez la bière

2267

http://haenni.citeweb.net/

Un site pour les amis de la bière.

Vous voulez faire votre bière ?

2268

http://www.cru.fr/listes/bieres@onelist.com/

Un forum de discussion sur la fabrication des bières.

Notes _____

_____

_____

_____

_____

Lexique
des termes
culinaires

**Pour d'autres définitions sur les fruits, légumes, épices, aromates, condiments et sauces du monde, vous pouvez consulter le site suivant :
http://www.multimania.com/phobos57/mon.html**

Abaisse Pâte aplatie au rouleau et servant à foncer un moule.

Abaisser Préparer une abaisse à l'épaisseur désirée.

Abats Rognons, foie, gésier, langue des animaux.

Aiguillettes Minces tranches de chair prélevées sur le ventre d'une volaille.

Aioli (sauce) Mayonnaise à base d'ail et d'huile d'olive.

Allonger Additionner un liquide pour rendre moins épais.

Anchoïade Purée d'anchois diluée dans l'huile d'olive.

Animelles Testicule des animaux de boucherie.

Aplatir Rendre mince une pièce de viande ou de poisson en la frappant à l'aide d'un instrument plat.

Aromates Substances végétales ayant une odeur : cannelle, cédrat, laurier, thym, vanille etc.

Arrow-root Fécule extraite de différentes plantes tropicales et servant à lier ou à épaissir une sauce.

Aspic Préparation à la gelée entre-mêlée et moulée.

Aumônière Entrée ou dessert préparés dans un triangle de pâte refermé et cuit au four.

Babeurre Liquide restant après le barattage du beurre.

Badigeonner Enduire d'une substance molle à l'aide d'un pinceau.

Bain-marie Récipient rempli d'eau bouillante servant à cuire les aliments qui brûleraient si exposés à feu nu.

Barder Entourer de fines tranches de lard et ficeler.

Blanchir Plonger quelques minutes un aliment dans de l'eau bouillante.

Blondir Passer au beurre ou à l'huile jusqu'à légère coloration.

Bouquet garni Thym, laurier, persil, romarin liés ensemble et servant à aromatiser une sauce.

Braiser Cuire à feu doux.

Brider Ficeler une volaille pour l'empêcher de se déformer pendant la cuisson.

Chapelure Pain séché et écrasé servant à paner.

Cheminée Trou pratiqué au centre d'un pâté pour laisser échapper la vapeur pendant la cuisson.

Chemiser Garnir un moule soit de farine, soit de papier ciré.

Chinois Passoire servant à filtrer les fonds de sauce.

Clarifier Rendre limpide un consommé.

Concasser Hacher finement.

Condiments Substance qui, ajoutée aux aliments, en relève le goût.

Confit Morceaux de viande cuits et conservés dans sa graisse.

Consommé Bouillon concentré de viande.

Coulis Jus concentré de légumes ou de fruits servant de sauce.

Court-bouillon Composé d'eau, de vinaigre, de jus de citron ou de vin blanc destiné à la cuisson du poisson.

Crème fleurette Crème naturelle, liquide.

Crème légère 15%

Crème épaisse 35%

Darne Tranche épaisse de poisson.

Débrider Enlever les fils ayant servi à ficeler les pièces de viande.

Décanter Débarrasser un liquide de ses impuretés.

Décortiquer Dépouiller les crustacés de leur carapace.

Déglacer Mouiller légèrement le fond du plat de cuisson afin d'obtenir un jus. Réduire et assaisonner.

Dégorger Tremper dans l'eau froide pour enlever les impuretés.

Dégraisser Enlever la graisse des aliments, sauces et bouillons.

Détremper Mélanger la farine avec le beurre, les œufs ou un liquide pour la préparation des gâteaux.

Dorer Enduire le dessus d'une pâtisserie avec un mélange d'eau et ou de jaune d'œuf.

Écaler Enlever l'écale.

Échalote Échalote française (petit bulbe semblable à une tête d'ail) ou petit oignon vert connu au Québec sous l'appellation échalote.

Échauder Tremper dans l'eau chaude salée.

Écumer Enlever à l'aide d'une écumoire l'écume qui se forme à la surface d'une sauce avant l'ébullition.

Émincer Découper en tranches aussi minces que possible.

Enfourner Mettre à cuire au four.

Enrober Recouvrir totalement.

Entrée Plat servi avant le plat de résistance.

Étouffée Cuisson dans un récipient parfaitement fermé.

Étuver Cuisson lente dans un peu de liquide.

Évider Enlever la partie centrale d'un fruit ou un légume, en vue de le farcir.

Faire colorer Faire cuire une viande quelques minutes à feu vif, pour lui donner de la couleur.

Faire revenir Cuire la viande ou les légumes dans une matière grasse, à feu vif.

Faire suer Cuire un légume ou une viande dans un corps gras, à couvert jusqu'à ce que des gouttes de liquide commencent à perler en surface.

Farce Préparation de viandes hachées, légumes, assaisonnée d'épices, liée avec un œuf.

Farcir Remplir la cavité d'une volaille, d'un poisson, etc. avec de la farce.

Fariner Couvrir d'un peu de farine en saupoudrant.

Flamber Passer à la flamme les volailles ou le gibier pour brûler le duvet. Aussi parfumer avec un alcool (flamber au cognac).

Foncer Garnir de pâte ou de bardes de lard le fond d'une casserole, d'un moule, etc.

Fond Jus de cuisson de divers aliments, servant à confectionner des sauces.

Fontaine Trou pratiqué au centre de la farine, afin d'y verser un liquide.

Fraiser Pétrir la pâte pour la rendre lisse.

Fumet Liquide obtenu en faisant bouillir, dans de l'eau ou du vin, puis réduire, parures de volailles, de poissons ou de légumes et bouquet garni.

Gelée Jus de viande ou de fruits qui s'est solidifié en refroidissant.

Gibelotte Fricassée de lapin cuit dans un vin blanc ou plat de poisson et de légumes, cuit dans l'eau aromatisée.

Glacer Napper un gâteau d'un coulis ou d'une sauce sucrée.

Gratiner Passer un plat au four pour faire dorer.

Habiller Préparer les poissons avant cuisson. (Ébarber, écailler, vider et laver)

Hacher Réduire un aliment en fines parcelles.

Herbes de Provence Mélange de fines herbes séchées et broyées typique de la Provence.

Hollandaise (sauce) Sauce préparée en faisant cuire doucement des jaunes d'œufs battus avec un peu d'eau et de jus de citron, ensuite liée avec du beurre ramolli.

Inciser Faire une légère entaille avec la pointe d'un couteau, sur la surface d'une viande.

Indienne (à l') Mets préparé au curry.

Infusion Eau bouillante sur une substance végétale pour en extraire l'essence.

Jardinière Mélange de légumes d'accompagnement.

Julienne Légumes coupés en fines lanières.

Koulibiac Pâté en croûte originaire de Russie à base de poisson, de poulet avec légumes, riz et œufs cuits durs.

Lamelle Tranche très mince.

Larder Piquer une viande ou un poisson avec des bardes de lard.

Lardon Petit morceau de lard.

Lever Séparer les filets d'un poisson.

Lier Épaissir une sauce ou un potage à l'aide de farine, de fécule ou de jaune d'œufs.

Liquéfier Rendre liquide.

Luter Sceller en fermant hermétiquement le bord supérieur d'un récipient à l'aide d'un cordon de pâte.

Lyonnaise (à la) Se dit d'un mets accompagné d'oignons émincés et dorés au beurre.

Macédoine Mélange de légumes coupés.

Macérer Infuser à froid dans un liquide.

Marinade Préparation composée de vinaigre, sel, huile, épices, servant à conserver les aliments et à leur donner un goût particulier.

Mariner Faire tremper un aliment dans une marinade.

Masquer Couvrir d'une couche épaisse de sauce ou de coulis un mets prêt à servir.

Mijoter Cuire lentement à feu doux.

Miroton Tranches de bœuf cuit et assaisonné de tranches d'oignons, préparé en ragoût.

Mitonner Bouillir à petit feu.

Monder Peler un fruit, un légume ou enlever la peau des amandes grillées.

Mortifier Suspendre un certain temps une viande, une volaille ou un gibier pour l'attendrir.

Mouiller Verser un liquide en petite quantité pendant la cuisson.

Napper Recouvrir d'une sauce ou d'un coulis.

Navarin Ragoût de mouton ou d'agneau, cuit avec des pommes de terre et des légumes, notamment du navet, d'ou le nom navarin.

Niçoise (à la) Cuisiné avec de l'ail, des olives, des anchois, des tomates et des haricots verts.

Nori Mot japonais désignant l'algue comestible et la feuille noire d'algues séchées.

Onctueux Potages ou sauces dont la consistance est lisse et crémeuse.

Paner Enrober de panure avant de mettre au four ou sur le grill.

Panure Mie de pain séchée et écrasée.

Parer Enlever toutes les parties non comestibles d'un aliment.

Parmentier Plat dans lequel la pomme de terre est un ingrédient important.

Paupiette Escalope amincie farcie d'une garniture, roulée et ficelée.

Pesto Sauce froide composée de basilic, d'ail et de pignons, broyés finement, d'un peu d'huile d'olive et de parmesan râpé.

Pétrir Travailler une pâte pour la rendre élastique.

Pignon Graine produite par certaines espèces de pins.

Pilaf Riz cuit dans un corps gras avant sa cuisson à l'eau.

Piquer Faire de petites incisions pour introduire des morceaux d'ail, des lardons, etc. dans la viande.

Pocher Cuire à faible ébullition.

Pommes dauphines Préparation à base de purée de pommes de terre et de pâte à choux, que l'on fait frire.

Pralin Sucre en poudre, amandes et noisettes, que l'on fait caraméliser et que l'on réduit en poudre lorsque refroidi.

Quatre épices Mélange en poudre de poivre blanc, girofle, muscade et gingembre. Sert à aromatiser pâtés, terrines, pains d'épices.

Râble Partie charnue du dos du lapin et du lièvre (le meilleur choix).

Rafraîchir Passer les aliments à l'eau froide à la fin de leur cuisson.

Réduire (faire) Faire diminuer un bouillon, une sauce ou autre liquide afin d'obtenir un concentré.

Réserver Mettre une préparation de côté pour usage ultérieur.

Roux Mélange d'un corps gras et de farine roussie qui sert à lier les sauces.

Saisir Cuire rapidement à forte intensité.

Salpicon Composition variée, employée comme garniture des bouchées, des timbales ou des croquettes.

Sauter Cuire rapidement dans une poêle en retournant.

Saumure Mélange de sel et d'eau, additionné d'aromates, dans lequel on immerge des aliments.

Soubise Préparation dont le principal aliment est l'oignon.

Suprême Demi-poitrine de volaille, désossée et sans peau.

Tamis Passoire servant à clarifier les bouillons, les sauces et les gelées.

Timbale Moule ayant la forme d'une timbale.

Tofu Fromage préparé à partir d'une purée de soja.

Tourte Pâtisserie de forme ronde, composée de deux abaisses et renfermant une farce.

Trousser Passer de la ficelle pour maintenir les parties d'une volaille (ailes, pattes) ou d'un gibier.

Vanner Mélanger jusqu'à refroidissement complet.

Vichyssoise Potage à base de pommes de terre et de poireaux, lié avec de la crème.

Zeste Partie extérieure de la peau d'un agrume.